MEMOIRES

DE MONSIEUR

DU GUAY-TROUIN,

LIEUTENANT GENERAL

DES ARMÉES NAVALES DE FRANCE,

ET

Commandeur de l'Ordre Royal & Militaire

DE SAINT LOUIS.

Paulum sepulta distat inertiæ
Celata virtus.
HORACE, Ode IX. LIV. IV.

RDIT HÆC
INSIGNIA VIRTUS
De Larmessin Graveur du Roy.

MEMOIRES

DE MONSIEUR

DU GUAY-TROUIN,

LIEUTENANT GENERAL

DES ARMÉES NAVALES DE FRANCE,

ET

Commandeur de l'Ordre Royal & Militaire

DE SAINT LOUIS.

M. DCC. XL.

AVERTISSEMENT.

TOus ceux qui connoiſſoient feu M. du
Guay-Trouin, ſavent que les Mémoi-
res qu'il a laiſſés , ſont dûs au loiſir forcé que
lui cauſerent des infirmités preſque continuelles pendant les quinze dernieres années
de ſa vie. Jamais homme parvenu à une ſi
haute réputation, par un enchaînement d'a-
ctions plus étonnantes & plus brillantes les
unes que les autres, n'a eu ſi peu d'oſtentation;
& l'on peut être aſſûré que lorſqu'il a écrit ſes
mémoires , il n'a pas même imaginé qu'ils
pûſſent paroître tant qu'il vivroit. Tout ſon
but a été de rendre utiles à ſa patrie, les heures perdues que lui cauſoient ſes fréquentes
inſomnies, jointes à la retraite & à la ſoli-
tude auſquelles il ſe livroit quelque fois. Il
reſte encore pluſieurs de ſes amis particuliers, avec qui il ouvroit ſon cœur ſur ce travail, lorſqu'ils le ſurprenoient s'y occupant.

a

Je

Je crois, leur difoit-il, avec une modeftie qu'on ne peut trop eftimer, ni trop louer dans un tel guerrier, je crois que les mémoires d'un homme qui n'a percé les ténébres, que par une fuite affez longue d'entreprifes hazardeufes, pourront être quelque jour une puiffante exhortation à bien fervir le Roi & l'Etat. La jeuneffe, deftinée à fuivre le parti des armes, apprendra de bonne heure, en les lifant, qu'une véritable ardeur à s'acquitter de fes devoirs mene fouvent plus loin qu'on n'auroit ofé le prétendre ; que l'honneur redouble le courage dans les dangers preffans ; qu'il infpire l'adreffe & la force de les furmonter ; que le plus fûr moyen de conferver la vie & l'honneur, eft de compter pour rien la vie, quand l'honneur parle ; & qu'enfin la Cour, plus attentive que bien des gens ne le croyent, à démêler la conduite des particuliers, fait les récompenfer, quand leur zéle eft auffi grand, qu'il doit être fidéle & défintéreffé.

M.

M. du Guay-Trouin penſant de cette façon, on peut juger de ſa ſurpriſe, lorſqu'il
vit paroître un livre portant le titre de ſes
mémoires, qu'un M. de Villepontoux venoit
de faire imprimer en Hollande, & qu'il lui
avoit dédiés. Il ne faut que parcourir ce livre, & le comparer avec celui-ci, pour voir
clairement que l'on a copié à la dérobée, &
fort à la hâte, le manuſcrit de M. du Guay,
& que la précipitation du copiſte lui a fait
faire une infinité de fautes, juſqu'à paſſer
quelquefois des fraſes entiéres, auſquelles
on ſent bien que l'éditeur a tâché de ſup-
pléer, par des additions, qui ſe trouvent
très-ſouvent deſtituées de tout ſens; on y
peut même obſerver une choſe, quoiqu'elle
ne ſoit pas dans le fond bien importante,
c'eſt que cet éditeur eſt ſi peu au fait de ce
qui regarde M. du Guay, qu'il ne ſait ni l'or-
thographe de ſon nom, ni ſes qualités; il
l'appelle par tout du Gué, au lieu de du
Guay, & il lui donne le titre de Grand-Croix

de

de l'ordre de S. Louis, quoiqu'il n'ait jamais été que Commandeur de cet Ordre. Voici, vraisemblablement, l'origine de ce larcin. Feu M. le duc d'Orleans, Regent du Royaume, à qui on avoit dit que M. du Guay-Trouin avoit écrit des memoires, les lui demanda, & après les avoir lûs, il en parla, avec tant d'éloges, à M. le cardinal Dubois que ce ministre, quelques mois avant sa mort, pria M. du Guay de les lui confier, avec parole qu'ils ne sortiroient point d'un cabinet dont il auroit la clef; M. du Guay demanda à M. le cardinal Dubois, la derniere fois qu'il en eut audience, s'il avoit achevé de lire son manuscrit; ce ministre lui dit que oui, & qu'il le lui rendroit au premier voyage qu'il feroit à Versailles, où il l'avoit laissé. La cour étoit alors à Meudon; le cardinal n'en sortit, comme on sait, que pour se faire porter à Versailles, où on lui fit, le jour même, l'operation dont il mourut le lendemain. Ainsi les memoires resterent chez

lui,

lui. Le premier foin de M. du Guay fut d’en
prévenir la famille , & de demander avec
inftance qu’ils ne fuffent vûs de perfonne ;
mais quelque diligence qu’il pût faire , il fe
paffa près d’un mois fans qu’ils lui fuffent
rendus ; encore fallut-il que S. A. R. s’en mê-
lât. On ne peut prefque pas douter que dans
la multitude des papiers qui fe trouvent
toujours à la mort d’un miniftre , celui-ci ne
foit tombé fous la main de quelqu’un qui
voulut en avoir une copie , & qui preffé
par les recherches qui étoient faites fur les
ordres exprès de M. le duc d’Orleans, n’eut
pas affez de temps pour la rendre exacte.
Quoi qu’il en foit , quelques amis de M. du
Guay-Trouin tâcherent de profiter de l’occafion pour l’engager à donner au public fes
memoires , tels qu’il les avoit faits & qu’on
les donne aujourd’hui. Le motif de leurs
inftances étoit fpécieux , puifqu’il s’agiffoit
de rétablir l’honneur d’un ouvrage qui, dé-
figuré comme il l’étoit , ne méritoit pas
de

de porter fon nom ; mais toutes leurs repréfentations furent inutiles , & il répéta
plus d'une fois , & même avec chaleur,
que fes mémoires ne feroient jamais impri-
més , de fon confentement , pendant fa
vie.

Si quelque chofe eût pû le porter à changer de réfolution , c'eût été fans doute, la
publication des mémoires qui parurent en
ce temps-là, fous le nom de M. le comte de
Forbin , chef d'efcadre, & chevalier de l'ordre de S. Louis. Le portrait de ce Général
étoit gravé à la tête avec la qualité d'amiral
de Siam. Comme ce livre a eu peu de débit,
& que peu de perfonnes fe font donné la
peine de le lire, on croit devoir en dire ici
deux mots. C'eft un ouvrage , qui, en mettant à part la pureté du ftile & certain air de
dignité, eft à peu près dans le goût de celui
qui parut, il y a environ 80. ans , fous le
nom de *Mémoires du fieur de Pontis*, qui
a fervi dans les armées 56 ans fous les Rois
Henri

Henri IV. Louis XIII. & Louis XIV. C'eſt à-dire, que l'un & l'autre ſont de ces eſpeces de romans ſérieux, où l'on fait parler directement des gens d'un nom connu , & dans leſquels quelques faits, recueillis de converſations particulieres , que l'on a eues avec eux, ſont paraphraſés, amplifiés, & exagerés , au gré des auteurs, & toujours à la plus grande gloire de celui dont le livre porte le nom , lequel a perpetuellement primé par tout où il s'eſt trouvé. L'indignation de M. du Guay-Trouin, ſi ſcrupuleuſement amateur du vrai, fut extrême, lorſqu'on lui fit voir à la page 262. du tome ſecond de ces prétendus memoires, un récit de l'affaire qui ſe paſſa en 1707. lors de l'enlevement des vaiſſeaux de guerre anglois, le *Cumberland*, le *Cheſter*, & le *Rubi*; récit entiérement different de celui que l'on trouvera dans ces mémoires , ſous la même année 1707. lequel, de l'aveu de tous les officiers qui étoient à cette action , dont pluſieurs
vivent

vivent encore , contient pourtant la plus
exacte vérité. Il y avoit eu à Verfailles, dans
l'avant-cabinet de M. le comte de Pontchartrain, pendant l'hyver qui fuivit cette campagne, une fcéne des plus vives entre ces
deux commandans. Il eft inutile d'en rappeller le détail, on n'a point oublié dans la
marine avec quelles expreffions M. duGuay-
Trouin foutint cette même vérité que l'on
s'efforçoit d'obfcurcir. Les prétendus mémoires de M. de Forbin réveillerent donc
toute fa colere , & peu s'en fallut qu'il ne
fuccombât alors à la tentation qu'il eut de
faire paroître les fiens, & d'y joindre une
ample réfutation de ce que contenoient les
autres. Il ne pouvoit parler tranquillement
de cette affaire.

Il réfifta néanmoins à ce premier mouvement;fon efprit fe calma peu à peu,& il fentit
alors aifément qu'une juftification de fa part
étoit plus que fuperflue pour le temps préfent; mais il fit venir de Breft un extrait des
interrogatoires

interrogatoires ſubis devant l'amirauté, quelques jours après le combat, par les Anglois
capitaines des trois vaiſſeaux, le *Cumberland*, le *Cheſter*, & le *Rubi*; il parut ſouhaiter que, ſi l'on imprimoit jamais ſes mémoires, lorſqu'il ne feroit plus, on y joignît
cet extrait, & qu'on y ajoûtât la liſte de tous
les officiers qui ſervoient ſur ſon eſcadre,
c'eſt à quoi l'on va ſatisfaire. Il paroît effectivement qu'il ne peut y avoir de moyen
plus propre à répandre une entiere clarté
ſur toute cette affaire, dans l'eſprit de ceux
qui ont lû, dans les deux ouvrages, la façon différente dont elle eſt racontée. Mais
cependant ſans cette derniere volonté de
M. du Guay-Trouin, que l'on s'eſt fait un
devoir de reſpecter, on auroit crû pouvoir
ſe diſpenſer d'entrer dans tout ce détail ; &
il auroit ſuffi de faire obſerver, que le feu
Roi, ſi attentif à punir les moindres négligences, en fait de ſubordination, ne lui
eût pas accordé, au ſortir de cette affaire,

b   une

une penſion ſur ſon tréſor royal : diſtinction aſſez rare dans le corps de la marine,
ſi ce Prince, auſſi équitable qu'éclairé, n'a-
voit pas jugé qu'il eſt des occaſions où les
inſtans ſont ſi précieux pour l'interêt de l'E-
tat, & où cet interêt ſe fait appercevoir ſi
diſtinctement, que l'on ne peut que louer,
& même récompenſer, ceux qui ſont aſſez
bons citoyens, & qui ont aſſez de force pour
riſquer, en pareil cas, les ſuites de l'inexé-
cution de la loi, ſi le ſuccès ne répondoit
pas à leurs vûes, & à leurs bonnes intentions.

On va maintenant rendre compte de cette
édition, & des différentes pieces qui la com-
poſent.

On ne trouvera pas au commencement
de ces mémoires un détail d'aventures de
jeuneſſe, que M. du Guay n'a jamais eu intention de produire au public, & que d'ailleurs le copiſte furtif a plûtôt exagerées
qu'adoucies ; on apprendra ſans doute avec

plaiſir

plaifir que M. le cardinal de Fleury avoit
d'avance approuvé ce retranchement. Son
Eminence demanda en 1725. à M. du Guay
fes memoires pour les lire dans un voyage qu'elle fit alors à Chantilli, & voici ce
qu'elle eut la bonté de lui écrire après en
avoir achevé la lecture.

A Chantilly, le 2. Août 1725.

J'Ai lû, Monfieur, avec plaifir la relation
de vos aventures, & il y a certainement
des actions d'une valeur bien diftinguée ;
j'ai été ravi d'y voir toutes les circonftances
de votre entreprife fur la ville de Rio-Janeiro ; on ne peut rien ajoûter à la conduite
& au courage avec lefquels vous vintes à
bout d'y réuffir ; on ne lit rien, dans l'hiftoire, qui marque plus de fermeté d'efprit &
de cœur ; je voudrois feulement paffer plus
légérement que vous ne faites fur quelques
petits déreglemens de votre jeuneffe , qui
ne peuvent être jamais d'aucune inftruction

ni utilité. Il eſt fâcheux de laiſſer inutiles
des talens auſſi diſtingués que les vôtres,
perſonne ne vous rend plus de juſtice, ni
n'eſt plus parfaitement que moi, &c.

Signé, A. H. anc. Ev. de Fréjus.

Cette lettre porta la lumiere la plus vive
dans l'eſprit de M. du Guay, & ſur le champ
il travailla à un nouveau manuſcrit, dans
lequel il corrigea en même temps quelques
négligences de ſtyle qui lui étoient écha-
pées dans une compoſition aſſez rapide.

On a dit cy-deſſus que feu M. du Guay-
Trouin avoit ſouhaité, ſi l'on donnoit ſes
memoires au public après ſa mort, qu'on im-
primât en même temps les dépoſitions des
priſonniers anglois touchant ce qui s'étoit
paſſé à l'attaque & à la priſe du *Cumberland*,
& qu'on y joignît une liſte des officiers qui
avoient ſervi ſous ſes ordres pendant la campagne de l'année 1707. On trouvera l'extrait
de ces dépoſitions immédiatement après
cet avertiſſement.

A

A l'égard de la lifte des officiers, on a jugé à propos, pour ne point trop allonger
cet avertiffement de la renvoyer à la fin des
mémoires, & comme on a trouvé parmi les
papiers de M. du Guay un état général de
tous fes armemens depuis 1702. qui contient
outre les noms des officiers, le nombre des
vaiffeaux qu'il a commandés, & la force des
équipages de chaque vaiffeau, on a cru que
le public verroit cet état avec plaifir, & même que c'étoit une juftice dûe en quelque
maniere aux familles de ceux qui ont con-
tribué à fes fuccès.

On trouvera auffi à la fin des mémoires
une copie des lettres de nobleffe accordées
par le feu Roi en 1709. à M. du Guay-
Trouin, & à M. fon frere.

Pour mettre ceux qui n'ont point de connoiffance des détails de la marine, & qui en
ignorent les termes, en état de lire les mémoires de M. du Guay-Trouin, avec plus de
plaifir ; on donne ici une table alphabétique
qui

qui explique les termes de marine qui y font employés ; & l'on y joint un vaiffeau à la voile, gravé, avec des renvois qui en indiquent toutes les parties.

On croit au refte qu'il eft inutile de prévenir les lecteurs fur le mérite de cette édition. M. de la Garde attentif à tout ce qui peut contribuer à la gloire d'un oncle tel que M. du Guay, n'a rien épargné pour l'embelliffement de fes mémoires. On en jugera par les différentes planches répandues dans le corps de l'ouvrage , par la beauté des caracteres, & par celle du papier.

Extrait des minutes du greffe du fiége royal de l'Amirauté de Léon établi à Breft.

Le Cumberland. PAR EXTRAIT du cahier des interrogatoires prêtés par les principaux officiers trouvés fur la prife le vaiffeau de guerre nommé le *Cumberland* de Portsmouth, armé de quatre-vingt piéces de canon, faite par les vaiffeaux vaiſſeaux du Roi compoſant deux eſcadres, dont l'une commandée par M. le comte de Forbin, & l'autre par M. du Guay-Trouin, à quoi a été vaqué par nous Meſſire Guy de Coët-Loſquet, chevalier, ſeigneur de Kan-not, conſeiller du Roi, lieutenant général civil & criminel du ſiége de l'amirauté de Léon établi à Breſt, à cette fin deſcendus en la demeure du ſieur Gaumont, prevôt de la marine en ce port, où eſt détenu le capi-taine dudit navire pris, au lit malade de ſes bleſſures, en preſence du ſubſtitut du con-ſeiller adjoint, ayant pour interprete de la langue angloiſe, Maître Joſeph Tanguy, faiſant pour l'interprete juré dudit ſiége, & pour écrire le ſouſſignant, faiſant pour le greffe; de lui le ſerment pris au cas requis, ainſi que dudit Tanguy : & étant tous entrés en la chambre dudit capitaine, il auroit ſubi interrogatoire comme enſuit, après lui avoir fait lever la main, a promis, par ſerment, de dire vérité; ce jour trentiéme Octobre

mil

mil sept cent sept: Interrogé, &c.

Répond se nommer Richard Bouard, âgé d'environ cinquante-un an, chef d'escadre des armées de la Reine d'Angleterre, originaire de Northampton, demeurant à Londres, de la religion réformée.

Interrogé, &c.

Répond que le navire sur lequel il a été pris se nomme le *Cumberland*, vaisseau armé de quatre-vingt canons du troisiéme rang, ayant cinq cens vingt hommes d'équipage anglois.

Interrogé, &c.

Répond qu'il a armé à Portsmouth par ordre de la Reine Anne, d'où il a sorti en compagnie des quatre autres vaisseaux de guerre pour convoyer la flotte qui sortoit de Portsmouth, pour aller à Lisbonne, jusqu'à l'avoir fait sortir hors la Manche ; & qu'ensuite son ordre étoit de croiser avec le *Devonshire* & le *Royal-Oak* jusqu'à nouvel ordre ; & laisser le *Ruby* & le *Chester*
convoyer

convoyer ladite flote au lieu de fa deftinée.

Interrogé, &c.

Répond que la flotte étoit compofée de cent - vingt vaiffeaux, dont il y en avoit vingt chargés de chevaux pour le Roi de Portugal, & le furplus étoit des navires marchands dont il ne connoît point le char-gement.

Interrogé, &c.

Répond que le vingt-uniéme Oétobre préfent mois, ftyle françois, il auroit été rencontré à l'oueft des Sorlingues, environ les neuf heures du matin, par treize vaiffeaux ou quatorze françois, à la vûe defquels il fit mettre fes cinq navires en ligne de combat; qu'environ les dix heures il fut attaqué par un des navires françois nommé le *Lis*, com-mandé par M. du Guay, avec lequel il fe battit quelques temps; mais ayant été bleffé à la cuiffe, & brûlé au vifage & aux mains, il fut contraint de quitter le pont, & laif-fer le commandement de fon navire à fon

c   fecond

fecond qui continua le combat , & fondit navire ayant été démâté , on fut obligé de le rendre à M. du Guay ; que le refte des navires de guerre a eu le même fort , ayant été pris comme lui , à la referve du *Devonshire* qui a été brûlé & le *Royal-oak* qui s'eft enfui.

Interrogé , &c.

Répond que fon navire a été conduit dans ce port par le fieur de Forbin , dans le vaiffeau duquel il a été mis le vingt-huitiéme de ce mois.

Interrogé , &c.

Répond qu'il y a environ foixante hommes de tués , & cent douze bleffés.

Interrogé , &c.

Répond qu'il n'y avoit dans fon navire ni marchandifes ni autres chofes que des munitions de guerre & de bouche.

Interrogé quel nombre d'efcadres il y a dehors d'Angleterre, de quel port elles font forties , de quel nombre de vaiffeaux elles

font

font compofées, & quelle route elles doivent tenir.

A refufé de répondre audit interrogatoire, difant qu'il n'eft point, &c.

Interrogé, &c.

Répond que fa commiffion étoit du Prince George ; qu'elle étoit dans fon cabinet dans une écritoire, & qu'il ne fait ce qu'elle peut être devenue.

Et font fes interrogatoires & réponfes, defquels lecture à lui faite de mot à autre par notredit interprete, a dit icelles contenir verité, & n'avoir ni augmenté ni diminué, & y perfifter, & a figné ainfi. *Signé*, R. BOUARD, GUY DE COETLOSQUET, DE LA CLARLIERE, MIROT, J. TANGUY interprete, C. LENEUR pour le greffe, *figné* J. L. FAYARD.

Delivré par moi fouffigné Greffier conforme à la minute trouvée parmi les papiers & regiftres du greffe de l'amirauté de Leon, établi à Breft, étant dans des fermetures au-

 dit

dit greffe, les clefs defquelles ayant été données par M. de Kinau-Guyot, fubftitut de M.
le Procureur Général du Roi audit fiége,
comme en étant faifi ; & a été la perquifition
faite devant mondit fieur de Kinau-Guyot,
& la minute remife dans lefdites fermetures,
& eft mondit fieur Guyot refaifi des mêmes
clefs ; à Breft, ce jour quatorziéme Mars mil
fept cent trente-deux. *Signé*, G U Y O T.

Le Chester.

PAR EXTRAIT, &c. *comme deſſus.*
S'eft préfenté devant nous un homme de
moyenne ftature, portant barbe & perruque
blonde, duquel le ferment pris de dire vérité, après lui avoir fait lever la main, ce
qu'il a promis faire.

Interrogé, &c.

Répond fe nommer Jean Balcheu, âgé
d'environ trente-huit ans, capitaine de vaiffeau de la Reine d'Angleterre, originaire
de Londres, y demeurant, de la religion
proteftante.

Interrogé,

Interrogé, &c.

Répond que le navire fur lequel il a été pris fe nomme le *Chefter*, appartenant à ladite Reine, armé de cinquante piéces de canons, & de deux cens cinquante hommes d'équipages, deftiné avec le *Ruby* pour convoyer une flotte à Lifbonne, & de-là aller à la Virginie.

Interrogé, &c.

Répond que la flotte fortoit de Portsmouth, qu'elle confiftoit en plus de cent voiles, que de ces cent bâtimens il y avoit vingt pinaffes chargées de chevaux, au nombre de mil vingt pour rendre au Roi de Portugal.

Interrogé, &c.

Répond qu'ils étoient au nombre de cinq vaiffeaux de guerre deftinés pour convoyer la flotte, defquels il n'y avoit que le fien & le *Ruby* qui devoient la conduire au lieu de fa deftination, & que les trois autres, après les avoir efcortés hors la Manche, devoient

voient croiser sur les côtes.

Interrogé, &c.

Répond que le vingt-uniéme de ce mois, étant à la hauteur de quarante-neuf degrés quarante minutes, au sud-ouest des Sorlingues, environ les neuf heures du matin, ils eurent connoissance de quatorze navires, douze de guerre, & deux corsaires, qui faisoient route sur eux, ce qui les fit mettre en ligne de combat pour les attendre ; que le premier qui le joignit fut le *Lis* commandé par M. du Guay, à qui il tira sa volée, & qui ne fit que le passer pour attaquer le commandant, sans coup tirer, ensuite il fut attaqué par le *Jason* qui suivoit M. du Guay, qui l'aborda après lui avoir donné sa volée, & ayant fait déborder le *Jason* il fut ensuite abordé par l'*Amazone* qu'il fit aussi déborder ; après quoi ayant été rabordé de rechef par le *Jason* ; après un rude combat, il se rendit.

Interrogé, &c.

Répond

Répond qu'il a eu environ quarante hommes hors de combat, dont il y en a quinze de tués.

Interrogé, &c.

Répond qu'il a été conduit en la rade de ce port par le *Jason*, le vingt-neuf de ce mois.

Interrogé, &c.

Répond qu'il n'y avoit dans son navire que des munitions de guerre & des vivres pour six mois.

Interrogé, &c.

Répond que sa commission étoit du Prince George, qu'il a remis au sieur de Ferieres, capitaine dudit vaisseau le *Jason*.

Interrogé quel nombre d'escadres il y a hors d'Angleterre ; de quel port elles ont sorti, & quelle route elles doivent tenir.

A refusé de répondre audit interrogat, quoi qu'interpellé par le moyen de notredit interprette.

Et sont les interrogatoires & réponses,
desquels

defquels lecture à lui faite de mot à autre par notredit interprete, a dit icelles contenir vérité, & n'avoir à y augmenter ni diminuer, & y perfifter, & a figné ; ainfi figné, Guy de Coetlosquet, de la Clarliere, Mirot, J. Balcheu, J. Tanguy, C. Leneur, pour le greffe, *figné*, J. L. Fayard.

Le Ruby.   PAR EXTRAIT, &c. *comme deffus.*

S'eft préfenté devant nous un homme de haute ftature, portant barbe & perruque noire, duquel le ferment pris de dire vérité à la maniere accoutumée, ce qu'il a promis faire après avoir porté la main fur la bible.

Interrogé, &c.

Répond fe nommer Periguin Bertier, âgé d'environ trente ans, originaire de Londres, & y demeurant, capitaine de vaiffeau de la Reine d'Angleterre du quatriéme rang, de la religion proteftante.

Interrogé, &c.

Répond

Répond que le vaisseau sur lequel il a été pris se nomme le *Ruby*, armé de cinquante piéces de canon & de deux cens quarante hommes d'équipages, destiné pour convoyer une flotte angloise de Portsmouth à Lisbonne, & de-là aller à la Virginie.

Interrogé, &c.

Répond que le nombre de la flotte consistoit en cent-vingt voiles, dont il y en avoit dix-sept à vingt, chargés de chevaux que la Reine d'Angleterre envoyoit au Roi de Portugal.

Interrogé, &c.

Répond que le surplus de la flotte étoit chargé de bled & marchandises, mais qu'il ne sait la quantité ni la qualité.

Interrogé, &c.

Répond que le vendredi, vingt-uniéme de ce mois, environ les neuf heures du matin, convoyant la flotte à la hauteur de quarante-neuf degrés quarante minutes au sud-ouest des Sorlingues, il eut connoissance

d

de

de quatorze navires, dont il y en avoit douze de force, & deux corsaires.

Interrogé, &c.

Répond qu'aussi-tôt qu'ils apperçurent lesdits navires lui & les quatre autres navires de guerre qui convoyoient ladite flotte, se mirent en ligne pour les attendre; que les deux corsaires passerent leurs navires pour suivre la flotte, mais que le *Lis* ayant attaqué le commandant, lui fût aussi attaqué par le *Mars* commandé par M. de Forbin, qui l'ayant quitté sans lui tirer que quelques coups de fusil des hunes, il fut à l'instant abordé par le *Maure*, qu'après un rude abordage il se rendit; mais qu'il ne sait le nombre des blessés ni des morts qu'il y a eu dans le combat.

Interrogé, &c.

Répond qu'il étoit armé par ordre de la Reine d'Angleterre, sous commission du Prince George, qu'il a mise entre les mains du sieur de la Moinerie commandant ledit
vaisseau

vaiſſeau le *Maure*, lorſqu'il ſe rendit à lui. Interrogé, &c.

Répond qu'il n'avoit dans ſon navire que des munitions de guerre & pour ſix mois de vivres.

Interrogé ſi à ſa connoiſſance il n'eſt pas ſorti des eſcadres hors des ports d'Angle-terre, & quelle route elles doivent tenir.

A refuſé de répondre audit interrogat, quoiqu'interpellé par le moyen de notredit interpréte, &c.

Il réſulte, comme on vient de le voir par les interrogatoires ci-deſſus, que l'affaire de 1707. s'eſt paſſée totalement à l'avantage de l'auteur de ces Mémoires, & que loin d'en avoir exageré les circonſtances, il l'a rapportée avec cette modeſtie & cette ſimplicité qui lui étoient ſi naturelles, lorſqu'il parloit de lui-même.

d 2   *TABLE*

A. Bâton de Beaupré.
B. Bâton de Poupe.
C. Maſt d'Artimon.
D. Grand Maſt.
E. Maſt de Mizaine.
F. Beaupré.
G. Grande Voile.
H. Grand Hunier.
I. Grand Perroquet.
K. Mizaine.
L. Petit Hunier.
M. Petit Perroquet.
N. Sivadiere.
O. Perroquet d'Artimon
P. Vergue d'Artimon.
Q. Etay.
R. Balancine.
S. Bouline.
T. Haubans.
V. Gal-haubans.
X. Bras.
&. Amure.
1. Écoute.
2. Port-Haubans.
3. Boſſoir.
4. Sabors.
5. Driſſe de Pavillon.
6. Barres d'Hune.
7. Plat-bord.
J.P. Le Bas ſculp.

TABLE ALPHABETIQUE,

Ou Explication de quelques termes de Marine employés dans ces Mémoires.

A

ABORDER de long en long. Attaquer un navire par le côté. y jetter des grapins.

Amariner. Envoyer dans un vaisseau réduit des officiers, des soldats, & des matelots.

Amures. Reprendre les amures en l'autre bord. Changer la route, & présenter l'autre côté du vaisseau au vent.

Appareiller une voile. La déployer.

Arriver. Obéir au vent.

Arriver sur un vaisseau, c'est aller à lui en obéissant au vent, ou en mettant vent en pouppe.

Artimon. Mât d'arriere.

Atterrage. Endroit où l'on vient reconnoître la terre en revenant de quelque voyage.

B.

Babord. Côté gauche du vaisseau.

Bande, (à la) Vaisseau couché à demi sur le côté pour mettre hors de l'eau les endroits endommagés.

Barbe, sainte-Barbe. Lieu où l'on garde les poudres.

Baux. Solives qui traversent l'intérieur d'un vaisseau.

Beaupré. Mât couché sur l'éperon à la proue d'un vaisseau.

Berne. Mettre Pavillon en berne. Plier le pavillon, & le mettre au vent.

Blasques. Rochers, écueils.

Bossoir. Poutres, ou pieces de bois mises en saillies à l'avant du vaisseau pour soutenir l'ancre.

Bras de bouline. Corde attachée à une voile pour recevoir le vent.

Brasseyer, ou brasser. Faire la manœuvre des bras, & gouverner les vergues avec les cordages.

Brisans. Pointes de rochers qui s'élévent jusqu'à la surface de l'eau, & quelquefois au-dessus.

Brûlot. Bâtiment chargé de feux d'artifice que l'on accroche aux vaisseaux ennemis, au vent desquels on les met pour les brûler.

Brume. Brouillard épais.

C.

CABLOT. Corde avec laquelle on attache une chaloupe à un vaisseau.

Calfas. Officiers du vaisseau qui ont soin de lui donner le radoub, lorsqu'il en a besoin.

Caréne. Le bois au-dessous de l'eau.

Caréner. Radouber un vaisseau.

Carguer. Serrer, ou plier les voiles.

Carret, (fil de) Gros fil de chanvre dont sont composés les cables & les manœuvres.

Chaloupe. Petit bâtiment destiné au service, & à la communication des gros vaisseaux

Chasse, prendre chasse. Fuir.

Civadiere. La voile de Beaupré, qui étant la plus basse du bâtiment, prend le vent à fleur d'eau.

Coëffer, voiles qui se coëffent, qui s'applatissent les unes contre les autres.

Conserver un vaisseau, le suivre de près, ne le point perdre de vûe.

Cornette. Pavillon quarré & blanc qui marque la qualité ou le caractere de chef d'escadre, qui le porte au grand mât quand il commande en chef.

Courir sa bordée. Courrir le même côté qu'on a déja couru.

Croisiere. Parage, ou étendue de mer, où les vaisseaux vont croiser.

Culer. Aller en arriere.

D.

DE'BORDER. Rompre les grapins, se dégager d'un abordage.

Debout au corps. Aborder un vaisseau debout au corps, c'est lui mettre l'éperon dans le flanc.

Desemparé. Voile, ou manœuvre coupée par le canon.

Doubler au vent. Atteindre un vaisseau à pointe de bouline.

Drisse. Cordage qui sert à hisser, & amener la vergue.

EAUX

E.

EAUX, (*dans les*). Précisément derriere le vaisseau.

Echouer. Toucher, ou donner de la quille contre un fond, en sorte que, faute d'eau, le bâtiment ne peut être à flot.

Escoutes. Cordages qui font deux branches, amarrés aux coins des voiles par en bas, pour les tenir dans une situation qui leur fasse recevoir le vent.

Escoutille. Ouverture ou trape par laquelle on descend entre les ponts, & la cale.

F.

FEUX. Ce sont des fanaux qu'on met à la pouppe, le nombre est une marque de distinction.

Foch. Voile à trois points qu'on met lorsque le vent est foible.

Fosse aux lions. Lieu où l'on garde les cordages & les poulies.

Frégate. Vaisseau de guerre, peu chargé de bois, de peu de hauteur, & qui n'a ordinairement que deux ponts.

G.

GAILLARD, *ou Château*. C'est un étage du vaisseau qui n'occupe qu'une partie du pont. *Gaillard* d'avant, d'arriere.

Gargousses. Envelopes de carton, ou de fer blanc, dans lesquelles on renferme la charge des canons.

Grapins d'abordage. Crocs attachés à des cordes qu'on jette dans un vaisseau ennemi pour l'accrocher.

H.

HABITACLE. Caisse où sont placées les boussoles.

Hanche, (*cannonner dans la*) Partie du vaisseau qui paroît en dehors depuis le grand cabestan jusqu'à *l'arcasse* ; c'est-à-dire, le derriere du *gaillard*, & tout le bordage de la pouppe.

Haubans. Gros cordages pour soutenir les mâts.

Hisser. Hausser, élever quelque chose.

Hune. Petite plate-forme de bois qu'on place au haut des mâts.

Hunier. Voile qu'on met sur la *Hune*.

LARGUER

L.

LARGUER les efcoutes. C'eft les détacher pour leur donner plus de jeu, & à la voile auffi.

Lof pour lof. (prendre) Se dit, lorfqu'un vaiffeau tourne, & préfente l'autre côté au vent.

M.

MATELOT du commandant. Vaiffeau qui a fon pofte fur l'avant, ou fur l'arriere du commandant pour le couvrir.

Mifaine. Mât d'avant.

Mouiller, C'eft jetter l'ancre pour tenir le vaiffeau.

Mouffes. Jeunes garçons qui fervent les gens de l'équipage, & qui font apprentifs matelots.

O.

OEUVRES mortes. Sculptures, & autres ornemens du vaiffeau.

Orienter les voiles; c'eft les braffer, & fituer de maniere qu'elles reçoivent le vent.

P.

PANNE. (mettre en) Préfenter le côté du vaiffeau au vent, enfuite mettre le vent fur une voile, & le vent dans une autre, pour arrêter le vaiffeau.

Parages. Efpace, ou étenduë de mer fous quelque latitude que ce puiffe être.

Perroquets. Porter Perroquets fur Perroquets. Voiles les plus élevées des deux grands mâts du vaiffeau; on ne les met que dans le beau temps.

Prolonger un navire. C'eft fe mettre flanc à flanc, & vergue à vergue.

R.

RALINGUE. (mettre en) C'eft mettre un vaiffeau de forte que le vent ne donne point dans les voiles.

Ris. Prendre un Ris dans les huniers. Serrer, ou plier une partie de la voile.

Roulis.

Roulis. Mouvement du vaiſſeau cauſé par l'agitation de la mer

S.

SABORD. Embraſure, ou canoniere dans le bordage d'un vaiſ-
ſeau pour pointer les pieces de canon.
Sorlingues. PetitesIſles entre les côtes de Bretagne & celles d'Angleterre.
Souflage. Se dit, quand on veut groſſir ou enfler le côté du vaiſſeau,
pour qu'il porte mieux la voile.
Soute. Magaſin à pain, ou à poudre.

T.

TIMONNIER. Matelot qui tient la barre du gouvernail ; ſon
poſte eſt au-devant de l'habitacle.
Travers. (*mettre en*) Préſenter le côté du vaiſſeau au vent pour prendre les ris.
Tribord. Côté droit du vaiſſeau.

V.

VASES. Fond de vaſes.
Vent, premier vent. Celui qui s'éléve, & donne le premier dans les
voiles.
Vergues. Piéces de bois longues, arrondies, & qui ſont une fois plus
groſſes par le milieu que par les bouts, elles ſervent à porter les
voiles.

Fin de la table alphabetique.

DEpuis l'impreſſion de l'avertiſſement, & du corps de l'ouvrage, on a recouvré les originaux de quelques lettres écrites à M. du Guay-Trouin ſur ſon expédition de Rio-Janeiro ; elles font trop d'honneur à ſa memoire, pour ne les pas donner au public ; on oſe ſe flatter que des témoignages ſi ſincéres, & ſi glorieux préviendront favorablement le lecteur, & augmenteront ſa curioſité.

LETTRE DE S. A. S. M. LE COMTE de Toulouſe, Amiral de France, écrite à M. du Guay-Trouin.

A Marly, le 14. Fevrier 1712.

J'Ai appris avec un extrême plaiſir votre arrivée à Breſt, & je n'en ai pas moins eu à lire la relation que vous m'avez envoyée du détail de votre campagne, quoique vous ayez été fort attentif, à votre ordinaire, à n'y point parler de vous. Je ſai trop de quoi vous étes capable pour n'avoir pas ſup-
pléé

pléé ce qui y manquoit , quand je n'en
aurois pas été inftruit par perfonnne ; mais
le fieur de Saint-Germain ne m'a rien laiffé
à defirer là-deffus , & m'a expliqué fort en
détail tous les contre-temps que vous avez
eu à effuyer & toute la capacité & l'habileté dont vous avez eu befoin pour les furmonter. Je m'en réjouis pour vous & pour
la marine à qui cette entreprife fait beaucoup d'honneur. Vous devez être perfuadé que cela augmente encore l'eftime que
j'ai toujours eu pour vous , & l'envie que
j'aurois en toute occafion de pouvoir vous
en donner des marques.

> *Signé*, L. A. DE BOURBON.

Autre lettre de M. le Maréchal de Château-
renault.

A Rennes, le 15. Fevrier 1712.

J'Ai reçu, Monſieur, par le bureau de M. de Pontchartrain la relation de votre voyage ; & la lettre que vous avez pris la peine de m'écrire par le courier, que vous avez envoyé à la cour. J'ai pris beaucoup de plaiſir à y voir la bonne conduite & les belles & bonnes actions que vous avez faites dans cette campagne. J'y ai pris, dis-je, beaucoup de plaiſir & d'interêt par l'ancienne eſtime & amitié que j'ai pour vous, je vous prie d'être perſuadé que je vous en donnerai toujours des témoignages dans quelque occaſion qui puiſſe arriver de vous faire connoître combien je ſuis effective-ment votre, &c.

Signé, le Maréchal DE CHATEAURENAULT.

Autre

*Autre lettre de M. de Coëtlogon, Lieute-
nant général des armées navales.*

A Vitré, le 14. Fevrier 1712.

J'Ai appris, Monfieur , avec beaucoup
de joie , que vous étiez de retour de
votre voyage de long cours, tout couvert de gloire par les incroyables fuccès que
vous avez eus dans votre entreprife , la
plus belle & la plus grande qu'on puiffe
imaginer & tenter. J'ai lû plufieurs fois votre relation qui eft très-bien détaillée , faifant parfaitement connoître toute l'action,
les grandes forces des ennemis , leurs fortifications & leurs grands retranchemens,
& encore mieux votre grande conduite &
votre valeur ordinaire , quelque modefte
que vous foyez fur votre fujet. Je fuis en
chemin pour me rendre à la cour & à Paris,
où j'entendrai avec plaifir parler de vos faits
& de ceux de vos compagnons de gloire.
Je vous prie d'affurer Meffieurs de Courferac,

rac, de Goyon , de Bauve , de la Jaille ,
de la Rufiniere, & tous ces Meſſieurs de qui
vous parlez ſi honorablement, combien je
ſuis ſenſible à la gloire qu'ils ont acquiſe &
à leur heureux retour. Il faut à préſent que
vous donniez le temps à votre ſanté de ſe
rétablir & de ſe fortifier aſſez pour pouvoir
ſuivre votre courage dans les occaſions qui
pourront dans la ſuite ſurvenir, ſi Dieu ne
nous donnoit pas la paix. Je m'intéreſſerai
toujours plus que perſonne à tout ce qui
vous arrivera, vous honorant depuis long-
temps, & étant avec toute l'eſtime poſſible,
Monſieur, &c.   *Signé*, C O E T L O G O N.

Autre lettre de M. de Beauharnois.

Du 15. Fevrier 1712.

VOus pouvez juger , Monſieur, par
l'eſtime que vous me connoiſſez pour
vous, combien j'ai été ſenſible à la nouvelle
que mon frere de Beauville m'a donnée du
ſuccès

fuccès de votre campagne, & de votre retour triomphant ; perfonne ne vous fou-
haite affurément plus de dignités que je
fais, proportionnées à vos fervices. Je vous
prie d'être toujours autant de mes amis, que
je fuis très-parfaitement, Monfieur, votre, &c.
   Signé, DE BEAUHARNOIS.

*Autre lettre de M. de Sorel, infpecteur des
troupes de la marine.*

     A Paris, le 15. Fevrier 1712.

VOus étes, Monfieur, de retour tout
 couvert de lauriers, je vous affure
que je fuis dans la joie de mon cœur. Si
vous m'aviez montré un plan tel que celui
que m'a fait voir M. de Saint-Germain à
Verfailles, j'entends avant votre départ de
Breft, je vous aurois défendu d'entreprendre votre glorieux projet, à moins que vous
n'euffiez eû au moins trois fois autant de
troupes que vous en aviez. Mais je vois bien,
       Monfieur,

Monſieur, que le Roi n'a qu'à vous mettre en œuvre pour être ſûr de la réuſſite de toutes vos entrepriſes ; il doit ſouhaiter que Dieu vous conſerve une bonne ſanté pour continuer de vous mettre ſes interêts entre les mains. La mort de Madame la Dauphine a fait oublier un peu votre belle action, mais ce ne ſera que pour peu de jours. Ne ſongez - vous pas de venir à la cour, du moins je vous le conſeille, & puis vous aſſurer qu'on ſera bien aiſe d'y voir un héros comme vous. Ne doutez pas, je vous prie, que perſonne ait l'honneur d'être plus véritablement que moi, Monſieur, votre, &c.

Signé, DE SOREL.

MEMOIRES

DE MONSIEUR

DU GUAY-TROUIN,

LIEUTENANT GENERAL DES ARMÉES
NAVALLES DE FRANCE, ET COM-
MANDEUR DE L'ORDRE MILITAIRE
DE SAINT LOUIS.

JE suis né à Saint-Malo le 10 Juin 1673, d'une famille de Négocians. Mon pere y commandoit des vaisseaux armés, tantôt en guerre, tantôt pour le commerce, suivant les différentes conjonctures. Il s'étoit acquis la réputa-

A   tion

tation d'un très-brave homme & d'un habile marin.

Au commencement de l'année 1 6 8 9, la guerre étant déclarée avec l'Angleterre & la Hollande, je demandai & j'obtins de ma famille la permiſſion de m'embarquer en qualité de volontaire, ſur une frégate nommée la *Trinité*, de dix-huit canons, qu'elle armoit pour aller en courſe contre les ennemis de l'Etat. Je fis ſur cette frégate une campagne ſi rude & ſi orageuſe, que je fus continuellement incommodé du mal de mer; nous nous étions emparés d'un vaiſſeau anglois chargé de ſucre, & d'indigo ; & voulant le conduire à Saint-Malo, nous fûmes ſurpris en chemin d'un coup de vent de nord trèsviolent, qui nous jetta ſur les côtes de Bretagne, pendant une nuit fort obſcure ; notre priſe échoüa par un heureux hazard ſur des vaſes, après avoir paſſé ſur un grand nombre d'écueils, au milieu deſquels nous fûmes obligés de moüiller toutes nos ancres, & d'amener nos baſſes vergues, ainſi que nos mâts de hune, & pour derniere reſſource, de mettre notre chaloupe à la mer. Tout ce que nous pûmes faire n'empêcha pas que cet orage, dont l'impétuoſité augmentoit à chaque inſtant, ne nous jettât ſi près des rochers, que notre chaloupe fut engloutie

1 6 8 9.

gloutie dans leurs brifans. Mais au moment même que nous étions fur le point d'avoir une pareille deftinée, & que tout l'équipage gémiffoit aux approches d'une mort qui paroiffoit inévitable, le vent fauta tout d'un coup du nord au fud ; & faifant piroüetter la frégate, la pouffa auffi loin des écueils, que la longueur de fes cables pouvoit le permettre. Ce changement de vent inefperé appaifa fubitement la tempête & l'agitation des vagues, à un point que nous relevâmes fans beaucoup de peine notre prife de deffus les vafes, & que nous nous trouvâmes en état de la conduire à Saint-Malo.

Notre frégate y ayant été carenée de frais, nous ne tardâmes pas à retourner en croifiere ; & ayant trouvé un Corfaire de Fleffingue auffi fort que nous, nous lui livrâmes combat, & l'abordâmes de long en long ; je ne fus pas des derniers à me préfenter pour m'élancer à fon bord. Notre maître d'équipage à côté duquel j'étois, voulut y fauter le premier ; il tomba par malheur entre les deux vaiffeaux, qui venant à fe joindre dans le même inftant, écraferent, à mes yeux, tous fes membres, & firent rejaillir une partie de fa cervelle jufque fur mes habits. Cet objet m'arrêta, d'autant plus que je réflechiffois, que n'ayant pas comme lui le pied marin, il étoit moralement impoffible que j'évitaffe un genre de mort fi affreux. Sur ces entrefaites, le feu prit à la pouppe du Corfaire, qui fut enlevé l'épée à la main, après avoir foutenu trois abordages confécutifs; & l'on trouva que pour un novice j'avois témoigné affez de fermeté.

Cette campagne qui m'avoit fait envifager toutes les horreurs du naufrage, & celles d'un abordage fanglant, ne me rebuta pas. Je demandai à me rembarquer fur une autre frégate de vingt-huit canons nommée le *Grénedan*, que ma famille faifoit armer; & je n'y follicitai point encore d'autre place que celle de volontaire. Je fus affez heureux pour me faire diftinguer dans la rencontre que nous eûmes de quinze vaiffeaux anglois venant de long cours; ils avoient beaucoup d'apparence, & la plûpart de nos officiers les jugeoient vaiffeaux de guerre, enforte que notre capitaine balançoit fur le parti qu'il avoit à prendre. Malgré ma qualité de fimple volontaire, il étoit obligé de garder quelques ménagemens avec moi, par rapport à ma famille, à qui la frégate appartenoit; il fçavoit d'ailleurs que, quoique fort jeune, j'avois le coup d'œil affez jufte pour

diftin-

diftinguer les vaiffeaux ; je lui dis que j'avois obfer-
vé ceux-ci avec mes lunettes d'approche, qu'ils n'é-
toient fûrement que marchands, & qu'ainfi il y alloit de fon honneur de ne pas perdre une fi belle occafion. Il déféra à mes inftances réitérées, & nous
attaquâmes hardiment cette flotte. Le vaiffeau commandant percé à quarante canons, & monté de
vingt-huit, fut d'abord enlevé ; je fus le premier à
fauter dans fon bord ; j'effuiai un coup de piftolet
du capitaine anglois ; & l'ayant bleffé d'un coup de
fabre, je me rendis maître de lui & de fon vaiffeau.
Dès qu'il fut foumis, mon capitaine, m'appellant à
haute voix, m'ordonna de repaffer dans le nôtre,
avec ce que je pourrois raffembler des vaillans hommes qui m'avoient fuivi ; j'obéis, & un inftant après
nous abordâmes un fecond vaiffeau de vingt-quatre
canons ; je m'avançai fur notre boffoir pour fauter le
premier à bord, mais la fecouffe de l'abordage, &
celle de notre beaupré qui brifa le couronnement
de la pouppe de l'ennemi, fut fi grande, qu'elle me
fit tomber à la mer, avec un autre volontaire qui
étoit à côté de moi : comme il ne fçavoit pas nager,
c'étoit fait de lui, s'il n'eût trouvé fous fa main
quelques débris de la pouppe de l'Anglois ; il s'y ac-

crocha

1 6 9 0.

crocha, & fut fauvé par le premier vaiffeau enlevé qui nous fuivoit de près, & qui le voyant fur ces débris, mit fon canot à la mer pour l'aller prendre. Pour moi qui tenois, lorfque je tombai, une manœuvre à la main, je ne la quittai point, & je fus repêché par quelques matelots de notre équipage, qui me retirerent par les pieds. Quoiqu'étourdi de cette chute, & moüillé pardeffus la tête, je me trouvai encore affez de force & d'ardeur pour fauter dans ce fecond vaiffeau, & pour contribuer à fa prife : Cette action fut fuivie de l'enlevement d'un troifiéme ; & fi la nuit qui furvint, ne nous eût empêché de pourfuivre notre petite victoire, elle auroit été bien plus complete.

1 6 9 1.

    Cette avanture me fit tant d'honneur, par le récit qu'en firent le capitaine & tous ceux qui compofoient l'équipage, que ma famille crut pouvoir rifquer de me confier un petit commandement ; on me donna donc une frégate de quatorze canons. A peine fus-je rendu fur la croifière, qu'une tempête me jetta dans la riviere de Limerik. J'y defcendis, & m'emparai d'un château qui appartenoit au Comte de Clare ; je brulai deux vaiffeaux qui étoient échoüés fur les vafes : cela fut exécuté malgré l'oppofition

fition d'un détachement de la garnifon de Limerik, qu'il fallut combattre ; je me retirai en bon ordre, & repris la mer dès que l'orage eut ceffé. La frégate, que je montois, n'allant pas bien, & m'ayant fait manquer plufieurs prifes par ce défaut, on me donna le commandement d'une meilleure, quand je fus de retour à Saint-Malo. Elle étoit montée de dix-huit canons, & fe nommoit le *Coëtquen*.

1691.

Je mis en mer, accompagné d'une autre frégate de même force ; nous découvrîmes le long de la côte d'Angleterre trente vaiffeaux marchands anglois, efcortés par deux frégates de guerre de feize canons chacune : Je les combattis feul, & me rendis maître de l'une & de l'autre, après une heure de combat affez vif ; mon camarade s'attacha pendant ce tems-là à s'emparer des vaiffeaux marchands ; il en prit douze, que nous nous mîmes en devoir d'efcorter dans le premier port de Bretagne ; mais nous trouvâmes en chemin cinq vaiffeaux de guerre anglois, qui m'en reprirent deux, & qui me firent effuyer bien des coups de canon, pour pouvoir fauver le refte, que je fis entrer en dedans de l'ifle de Brehat. Cette ifle eft environnée d'un grand nombre d'écuëils qui les mirent à couvert. Pour moi je

1692.

me

me réfugiai dans la rade d'Argui, fituée à neuf lieues de Saint-Malo, & toute hériffée de rochers que cette efcadre angloife ne connoiffoit pas; ceux qui fe trouverent les plus près de moi, & les plus opiniâtres à me pourfuivre, fe mirent dans un danger évident de fe brifer fur ces rochers, & furent contraints de m'abandonner. Peu de jours après je fortis de cette rade fans aucun pilote; les miens avoient tous été tués ou bleffés, & ceux de mes officiers, qui auroient pû y fuppléer, avoient été obligés de defcendre à terre pour fe faire pancer de leurs bleffures; ainfi je me vis dans la néceffité de régler moi-même la route du vaiffeau, pendant tout le refte de la campagne, non fans un grand travail d'efprit & de corps. Une tempête me jetta jufque dans le fond de la manche de Briftol, & fi près de terre, que je fus forcé de moüiller fous une ifle nommée *Londei*, fituée à l'entrée de la riviere de Briftol. Ce péril fut fuivi d'un autre qui n'étoit pas moins embarraffant; il parut dès que l'orage eût un peu diminué, un vaiffeau de guerre anglois de foixante canons, qui faifoit route pour venir moüiller où j'étois; le danger étoit preffant; pour l'éviter, je fis mettre toutes mes voiles fous des fils de carret, prêtes à fe déployer;

&

& tout d'un coup je coupai mes cables , & mis à la
voile par un autre côté de l'ifle , tandis que ce vaiffeau entroit par l'autre ; il me chaffa jufqu'à la nuit ,
fans laquelle j'étois pris. Cela n'empêcha pas que je
ne fiffe huit jours après deux prifes angloifes , chargées de fucre , & venant des Barbades , avec lefquelles j'allai défarmer dans le port de Saint-Malo.

Mon frere obtint pour moi quelquetemps après ,
la flûte du Roi , le *Profond* , de trente-deux canons ;
& je me rendis à Breft pour en prendre le commandement. La campagne ne fut pas heureufe. Je croifai trois mois fans faire la moindre prife ; & j'effuyai
un affez fâcheux combat de nuit avec un vaiffeau de
guerre fuedois de quarante canons , lequel me prenant pour un algérien , m'attaqua le premier , &
s'opiniâtra à me combattre jufqu'au jour. Pour furcroît d'infortune , la fiévre chaude fit périr quatre-
vingts hommes de mon équipage , & m'obligea de
relâcher à Lisbonne pour rétablir mon vaiffeau , &
le faire caréner ; après quoi je fortis , & pris un
vaiffeau efpagnol , chargé de fucre. Ce fut le feul
que je pus joindre de plufieurs autres que je rencontrai, parce que le *Profond* alloit fort mal ; ainfi je revins le défarmer à Breft , & de-là je me rendis à
Saint-Malo.　　　　　　　　　B　　　A

1692.

1693.

A la fin de cette année j'obtins le commandement de la frégate du Roi, l'*Hercule*, de vingt-huit
canons, & m'étant mis en croifiere à l'entrée de la
Manche, je pris cinq ou fix vaiffeaux tant anglois
qu'hollandois, & deux entr'autres qui venoient de
la Jamaïque, & qui étoient confidérables par leur
force & par leurs richeffes ; les circonftances de
cette action font trop fingulieres pour ne les pas dé-
tailler.

J'avois croifé plus de deux mois ; & je n'avois plus
que pour quinze jours de vivres ; j'étois d'ailleurs
embarraffé d'un grand nombre de prifonniers, &
de plus de foixante malades ; mes officiers & tout
mon équipage voyant que je ne parlois point encore
de relâcher, me repréfenterent qu'il étoit temps d'y
penfer, & que l'ordonnance du Roi étoit pofitive
là-deffus : je ne l'ignorois pas ; mais j'étois faifi *d'un*
efpoir fecret de quelqu'heureufe avanture qui me faifoit reculer de jour en jour. Quand je me vis preffé,
j'affemblai tous mes gens, & les ayant harangués de
mon mieux, je les engageai, moitié par douceur,
moitié par autorité, à me donner encore huit jours,
& à confentir qu'on diminuât le tiers de leur ration
ordinaire, en les affûrant que fi nous faifions capture,

ture, je leur en accorderois le pillage, & les récom-
penserois amplement. Je ne disconviendrai pas à présent, que ce parti n'étoit rien moins que raisonna-
ble, & que la grande jeunesse où j'étois alors, pourroit seule le faire excuser, s'il pouvoit l'être. Ce qu'il
y eut de plus singulier, c'est que mon imagination
s'échauffa si bien pendant ces huit jours, que je crus
voir en songe, étant le dernier jour dans mon lit,
deux gros vaisseaux venant à toutes voiles sur nous:
agité de cette vision, je me réveillai en sursaut;
l'aube du jour commençoit à paroître, je me levai
sur le champ, & sortis sur mon gaillard. Le hazard
fit qu'en portant ma vûë autour de l'horison, je découvris effectivement deux vaisseaux que la préven-
tion de mon songe, me montra dans la même situation, & avec les mêmes voiles que ceux que je m'é-
tois imaginé appercevoir en dormant. Je connus d'a-
bord que c'étoit des vaisseaux de guerre, parce qu'ils
venoient nous reconnoître à toutes voiles; & d'ailleurs ils en avoient toute l'apparence : ainsi, avant
que de m'exposer, je jugeai qu'il convenoit de prendre chasse, & de m'essayer un peu avec eux. Je vis
bien-tôt que j'allois beaucoup mieux; sur quoi ayant
reviré de bord, je leur livrai combat, & me rendis

1693.

B 2   maître

maître de tous les deux, après une réſiſtance fort vive. Ces vaiſſeaux étoient percés à quarante-huit canons, & en avoient chacun vingt-huit de montés; ils ſe trouverent chargés de ſucre, d'indigo, & de beaucoup d'or & d'argent. Le pillage, qui fut très-grand, & ſur lequel je voulus bien me relâcher, à cauſe de la parole que j'avois donnée, n'empêcha pas que le Roi & mes armateurs n'y gagnaſſent conſidérablement. Je conduiſis ces deux priſes dans la riviere de Nantes, où je fis caréner mon vaiſſeau; & étant retourné en croiſiere à l'entrée de la Manche, je pris encore deux autres vaiſſeaux, l'un anglois, & l'autre hollandois, avec leſquels je retournai déſarmer à Breſt.

Je quittai auſſi-tôt le commandement de l'*Hercule*, pour prendre celui de la *Diligente*, frégate du Roi de quarante canons. J'allai d'abord croiſer à l'entrée du détroit, où je fis trois priſes; & je relâchai à Lisbonne, pour y faire caréner mon vaiſſeau : M. le Vidame d'Eſneval, qui étoit pour lors Ambaſſadeur du Roi en Portugal, me chargea de paſſer en France M. le Comte de Prado, & M. le Marquis d'Attalaya ſon couſin germain, qui étoient tous deux dans la diſgrace du Roi de Portugal, &

vivement

vivement pourſuivis par ſon ordre, pour avoir tué
le Corregidor de Lisbonne : je les reçûs ſur mon
vaiſſeau avec d'autant plus de plaiſir , que M. le
Comte de Prado avoit épouſé une fille de M. le Ma-
rêchal de Villeroy, l'un de nos plus reſpectables Sei-
gneurs : je découvris ſur la route quatre vaiſſeaux
fleſſinguois de vingt à trente canons chacun ; je les
joignis, leur livrai combat, & me rendis maître d'un
des plus forts : La bonne manœuvre & la réſiſtance
qu'il fit, ſauverent ſes trois camarades, qui s'échappe-
rent à la faveur d'un broüillard, & de la nuit qui ſurvint. Ils venoient tous quatre de Curacao, & étoient
chargés de cacao , & de quelques piaſtres. Les deux
grands de Portugal voulurent abſolument être ſpe-
ctateurs du combat, & ne ſe rendirent point aux inſtances que je leur faiſois de deſcendre à fond de
cale , en leur repréſentant que le Portugal n'étant
point en guerre avec la hollande , ils s'expoſoient
ſans néceſſité à être eſtropiés , & peut-être tués : ils
demeurerent, malgré mes raiſons & mes prieres ,
juſqu'à la fin du combat. L'affaire terminée, je conduiſis cette priſe à Saint-Malo , où je débarquai ces
deux ſeigneurs Portugais , qui me parurent contens
des attentions que j'avois eues pour eux.

Je

Je remis, sans perdre de temps, à la voile. En courant vers les côtes d'Angleterre, je découvris une flotte de trente voiles, escortée par un vaisseau de guerre anglois de cinquante-six canons, nommé, à ce que j'appris depuis, *le Prince d'Orange* : J'arrivai sur lui dans le dessein de le combattre, & même de l'aborder ; mais ayant parlé dans ma route à un vaisseau de sa flotte, & su de lui qu'elle n'étoit chargée que de charbon de terre, je ne crus pas devoir hasarder un combat douteux, pour un si vil objet : Prêt à le prolonger, je repris tout d'un coup mes amures en l'autre bord, sous pavillon anglois, pour aller chercher meilleure avanture. Le capitaine de ce vaisseau, qui m'avoit d'abord cru de sa nation, voyant par ma manœuvre qu'il s'étoit trompé, se mit en devoir de me donner la chasse ; je fus bien aise alors de lui faire connoître que ce n'étoit pas la crainte qui m'avoit fait éviter le combat ; & je fis carguer mes basses voiles pour l'attendre : Cette manœuvre lui fit aussi carguer les siennes : Je crus que c'en étoit assez, & fis remettre le vent dans les miennes ; mais s'étant mis une seconde fois en devoir de me suivre, je remis encore en panne, & faisant amener le pavillon anglois, que j'avois toujours

jours

jours confervé à la pouppe, je le fis rehiffer en berne, pour lui marquer mon mépris. Irrité de cette
bravade, il me tira trois coups de canon à balle,
aufquels je répondis d'un même nombre, fans dai-
gner arborer mon pavillon blanc. Cependant voyant
que cette fanfaronnade n'aboutiffoit à rien, je le
laiffai avec fa flotte : Mais la fuite fera voir dans quel
embarras une auffi mauvaife gafconnade penfa me
jetter.

Quinze jours après je tombai, par un tems em-
brumé, dans une efcadre de fix vaiffeaux de guerre
anglois de cinquante à foixante-dix canons ; & me
trouvant par malheur entre la côte d'Angleterre &
eux, je fus forcé d'en venir au combat. Un de ces
vaiffeaux, nommé l'*Avanture*, me joignit le premier, & nous combatîmes toutes nos voiles dehors
pendant près de quatre heures, avant qu'aucun autre des vaiffeaux de cette efcadre pût me joindre : je
commençois même à efpérer qu'étant près de doubler les forlingues, qui me gênoient dans ma courfe,
la bonté de mon vaiffeau pourroit me tirer d'affaire :
cet efpoir dura peu ; le vaiffeau ennemi me coupa
mes deux mâts de hune, dans une de fes dernieres
bordées : Ce cruel accident m'arrêta, & fit qu'il me

joignit

joignit à l'inftant, à portée du piftolet ; il cargua fes baffes voiles , & vint me ranger de fi près , que l'idée me vint tout d'un coup de l'aborder, & de fauter moi-même dans fon bord avec tout mon équipage. J'ordonnai , fans tarder , aux officiers qui fe trou-verent fous ma main, de faire monter fur le champ tous mes gens fur le pont : je fis en même temps pré-parer nos grapins , & pouffer le gouvernail à bord. Je croyois toucher au moment où j'allois l'accro-cher, quand par malheur un de mes Lieutenans , qui n'étoit pas encore inftruit de mon projet, ap-perçût par un des fabords le vaiffeau ennemi fi près du mien, qu'il crut que le Timonnier s'étoit mé-pris , ne pouvant imaginer que je puffe tenter un abordage dans la fituation où nous nous trouvions. Prévenu de cette opinion, il fit changer de fon chef la barre de mon gouvernail ; j'ignorois ce fa-tal changement , & attendant avec impatience l'in-ftant de la jonction des deux vaiffeaux , j'étois dans la place & dans l'attitude propre à me lancer le pre-mier dans celui de l'ennemi : voyant que le mien n'obéiffoit pas comme il auroit dû faire à fon gou-vernail , je courus à l'habitacle , où je trouvai la barre changée fans mon ordre. Je la fis auffi-tôt re-

mettre ;

mettre ; mais je m'apperçus, avec le défefpoir le plus vif, que le Capitaine de l'*Avanture*, qui avoit connu fans beaucoup de peine, à ma contenance, & à celle de tout mon équipage, quel étoit mon deffein, avoit fait rappareiller fes deux baffes voiles, & pouffer fon gouvernail à m'éviter : nous nous étions trouvés fi près l'un de l'autre, que mon beaupré avoit atteint & brifé le couronnement de fa pouppe : cependant ce mal-entendu de mon Lieutenant me fit perdre l'occafion de tenter l'une des plus furprenantes avantures dont on eût jamais ouï parler. Dans la réfolution où j'étois de perir, ou d'enlever ce vaiffeau, qui alloit mieux qu'aucun autre de l'efcadre, il eft plus que vrai-femblable que j'aurois réuffi, & qu'ainfi je menois en France un vaiffeau beaucoup plus fort que celui que j'abandonnois. Outre l'éclat qui auroit fuivi l'exécution d'un pareil projet, dont j'avouërai que je ne me fentois pas médiocrement flatté, il eft bien certain que me trouvant démâté, il ne me reftoit abfolument aucune autre reffource, pour échapper à des forces fi fupérieures.

Ce coup manqué, le vaiffeau le *Monk* de foixante-fix canons, vint me combattre à portée de

C   piftolet,

1694.

piſtolet, tandis que trois autres vaiſſeaux, le *Cantor-bery*, le *Dragon*, & le *Ruby* me canonnoient de leur avant. Le Commandant de cette eſcadre fut le ſeul qui ne daigna pas m'honorer d'un coup de canon. J'en fus piqué ; & pour l'y obliger, je mis en travers, & lui en tirai pluſieurs, mais inutilement ; il perſévéra à ne me point répondre : cependant l'extrêmité où nous nous trouvions, tourna la tête à tous mes gens, qui m'abandonnerent pour ſe jetter à fond de cale, malgré tout ce que je pouvois dire & faire pour les en empêcher : j'étois occupé à les arrêter, & j'en avois même bleſſé deux de mon épée & d'un piſtolet, quand pour comble d'infortune le feu prit à ma ſainte-barbe. La crainte de ſauter en l'air m'y fit deſcendre, & l'ayant bientôt fait éteindre, je me fis apporter des barils pleins de grenades ſur les eſcoutilles ; j'en jettai un ſi grand nombre dans le fond de cale, que je contraignis pluſieurs de mes fuyards à remonter ſur le pont. Je rétablis ainſi quelques poſtes, & fis tirer quelques volées de canon de la premiere batterie, avant que de remonter ſur mon gaillard. Je fus fort étonné, & encore plus touché en y arrivant de trouver mon pavillon bas, ſoit que la driſſe eût été cou-

pée

pée par une balle, ou que dans ce moment d'ab-
fence quelque malheureux poltron l'eût amené.
J'ordonnai à l'inftant de le remettre;mais tous les officiers du vaiffeau me vinrent repréfenter que c'étoit
livrer inutilement le refte de mon équipage à la
boucherie des Anglois, qui ne nous feroient aucun
quartier, fi après avoir vû le pavillon baiffé pendant un affez long temps, ils s'appercevoient qu'on
le remît, & que l'on voulût s'opiniâtrer fans aucun
efpoir, puifque mon vaiffeau étoit démâté de tous
fes mâts. Il n'étoit pas poffible de fe refufer à une
telle vérité : & comme j'étois encore incertain &
défefperé, je fus renverfé fur le pont du coup d'un
boulet fur fes fins, qui, après avoir coupé plufieurs
de nos baux, vint expirer fur ma hanche, & me fit
perdre connoiffance pendant plus d'un quart d'heure. On me porta dans ma chambre, & cet accident
termina mon irréfolution ; le Capitaine du *Monk*
envoya le premier fon canot pour me chercher ; je
fus conduit à fon bord avec une partie de mes officiers ; & fa génerofité fut telle qu'il voulut abfolument me céder fa chambre & fon lit, donnant
ordre de me faire panfer, & traiter avec autant de
foin que fi j'avois été fon propre fils.

C 2   Toute

Toute cette efcadre, après avoir croifé pendant vingt jours, fe rendit à Plimouth ; & pendant le féjour qu'elle y fit, je reçus toutes fortes de politeffes des capitaines & de tous les autres officiers. A leur départ on me donna la ville pour prifon, ce qui me facilita les moyens de faire plufieurs connoiffances, & entr'autres celle d'une fort jolie marchande, dont je me fervis dans la fuite pour me procurer la liberté. Les circonftances de cette évafion font affez fingulieres pour me laiffer croire qu'on ne fera pas fâché d'en voir ici le récit. Il faut auparavant fe rappeller ce qui m'étoit arrivé avec ce vaiffeau de guerre anglois de cinquante-fix canons, qui efcortoit une flotte chargée de charbon de terre, lorfque j'eûs l'imprudence de lui rifpofter trois coups, avant que d'arborer pavillon blanc ; cette équipée de jeune homme m'attira une affaire des plus intéreffantes.

Le capitaine de ce vaiffeau, après avoir efcorté fa flotte dans les lieux de fa deftination, relâcha par hafard dans la rade de Plimouth, peu de jours après qu'on m'y eut conduit ; il reconnut le vaiffeau que je commandois lors de notre rencontre : le reffentiment de la bravade que je lui avois faite, le

porta

porta à préfenter une requête à l'Amirauté, par laquelle il concluoit à ce que l'on me fît mon pro-
cès, pour lui avoir tiré à boulet fous pavillon ennemi, contre les loix de la guerre, & à demander
que je fuſſe mis par proviſion en priſon juſqu'au
retour d'un courier qu'il alloit dépêcher à Londres.
L'Amirauté fur cela me fit arrêter, & conduire dans
une chambre grillée, avec une fentinelle à ma porte : la feule diftinction qu'on m'accorda fur tous les
autres priſonniers, fut de me laiſſer la liberté de me
faire aprêter à manger dans ma chambre, & de permettre aux officiers de venir m'y tenir compagnie.
Les capitaines même des compagnies angloiſes
qui gardoient les priſonniers tour à tour, y dînoient
aſſez volontiers, & ma jolie marchande venoit auſſi
fort fouvent me rendre viſite. Il arriva qu'un François
réfugié, qui avoit une de ces compagnies, devint
éperdument amoureux de cette aimable perfonne; &
dans l'envie qu'il avoit de l'épouſer, il crut que je
pourrois lui rendre fervice, à cauſe de la confiance
qu'elle paroiſſoit avoir en moi. Il m'en parla con-
fidemment, & j'eûs l'eſprit aſſez préſent pour en-
trevoir que je pourrois en tirer parti : Je lui répondis que je le fervirois de tout mon cœur, mais que

j'étois

j'étois trop obfedé dans ma chambre , & que je
ne voyois aucune apparence de réuffir , s'il ne me
procuroit les occafions d'entretenir fa maîtreffe
dans un lieu qui fût plus libre ; que l'auberge voi-
fine de la prifon me paroiffoit très-à-portée , & fort
convenable pour cela ; qu'elle pouvoit s'y rendre
fans faire naître aucun foupçon , & qu'alors je lui
promettois d'employer toute mon éloquence à la
difpofer en fa faveur : j'ajoutai que j'aurois foin de
le faire avertir quand il feroit temps, afin qu'il vînt
paffer avec elle le refte de la foirée : fa paffion lui
fit trouver cet expédient bien imaginé, & nous choi-
sîmes pour l'entrevue le jour qu'il devoit être de
garde à la prifon. J'en prévins ma gentille marchande par un billet où je lui repréfentois, de la façon
que je crus la plus capable de la toucher , que je fuc-
comberois au chagrin de me voir fi long-temps cap-
tif , fi elle n'avoit la bonté de contribuer à ma liberté , ce que j'avois d'autant plus lieu d'efpérer ,
qu'elle le pouvoit faire fans courir aucun rifque d'in-
térefter fa réputation. Je fûs affez heureux pour la
perfuader , & pour en tirer parole , qu'elle feroit
toutes les démarches que je croirois néceffaires pour
le fuccès de mon projet. Cette précaution prife ,

j'écrivis

j'écrivis à un capitaine fuedois, dont le vaiffeau étoit
relâché dans la riviere de Plimouth, pour le prier de
me vendre une chaloupe équipée d'une voile, de
fix avirons, fix fufils, & autant de fabres, avec du
bifcuit, de la bierre, un compas de route, & quelques autres provifions. Je lui demandois en même
tems de vouloir bien envoyer à la prifon quelques-
uns de fes matelots, fous prétexte de vifiter les prifonniers françois, & de leur faire porter fecrete-
ment un habit à la fuedoife, pour le remettre à mon
maître d'équipage, lequel parlant bien fuedois, &
étant comme eux de haute ftature, pourroit fe fauver mêlé avec eux à l'entrée de la nuit, quand ils
partiroient de la prifon.

Tout cela fut exécuté, & mon maître d'équipage
s'échappa fous ce déguifement avec les matelots
fuedois. Il convint avec leur capitaine du prix de fa
chaloupe pour trente-cinq livres fterlings, à condition qu'elle feroit prête à un jour marqué, & que
fix de fes gens m'attendroient à un rendés-vous hors
de la ville, pour m'efcorter jufqu'à la chaloupe.

L'auberge où je devois me trouver avec la marchande, étoit adoffée à une montagne; du fecond
étage de la maifon, on entroit dans un jardin dif-
poféMARKER

1694.

pofé en terraffes, dont le derriere répondoit à une petite rue très-écartée , & c'étoit en efcaladant le mur
qui féparoit la rue d'avec le jardin , que j'avois pro-
jetté de me fauver, lorfque mon capitaine amoureux
me croiroit le plus occupé à difpofer fa maîtreffe en
fa faveur. J'avois ordonné, pour cet effet, à mon valet de chambre , qui avoit la liberté de fortir pour
acheter des provifions , & à mon chirurgien , qui
alloit panfer nos bleffés à l'hôpital , de ne pas manquer de fe trouver fur les quatre heures du foir derriere le mur en queftion , & de m'y attendre , pour
me conduire à l'endroit où je devois trouver mes
bons amis les Suedois.

Ce jour , tant defiré , arriva enfin ; le capitaine
ayant vû entrer l'objet de fes vœux dans l'auberge,
ne fit aucune difficulté de me laiffer fortir de ma
chambre , avec un de mes officiers , qui de fon confentement , étoit entré dans la confidence. Il nous
pria feulement de ne pas le laiffer languir , & de le
faire avertir le plûtôt qu'il nous feroit poffible ; mais
à peine avois-je marqué ma reconnoiffance à cette
amie falutaire , que plein d'impatience , je fautai
par-deffus le mur du jardin avec mon camarade.
Mon chirurgien & mon valet nous attendoient derriere ;

riere ; ils nous conduifirent au rendez-vous marqué, où nous trouvâmes fix braves Suedois bien armés , qui nous firent faire deux bonnes lieues à pied , & nous accompagnerent jufqu'à la chaloupe.

Nous nous embarquâmes vers les fix heures du foir dans cette chaloupe , cinq François que nous étions ; fçavoir , l'officier, compagnon de ma fuite , mon maître d'équipage, mon chirurgien , moi , & mon valet. Auffi-tôt nous fîmes route, & trouvâmes en paffant dans la rade deux vaiffeaux de guerre anglois qui y étoient moüillés , & qui nous interrogerent ; nous leur répondîmes , comme auroit fait un bateau de pêcheur anglois ; & continuant notre chemin , nous étions à la pointe du jour au dehors de la grande rade. Nous nous trouvâmes alors affez près d'une frégate angloife qui couroit fa bordée pour entrer à Plimouth : Je ne fai par quel caprice elle s'opiniâtra à vouloir nous parler ; mais il eft certain que nous allions être repris , fi le vent qui ceffa tout d'un coup , ne nous eût mis en état de nous éloigner d'elle à force de rames.

Nous la perdîmes enfin de vûe ; & nous nous trouvâmes en pleine mer, outrés de laffitude d'avoir ramé fi long-temps, & avec autant d'action. La

1 6 94.

D

nuit

nuit vint, pendant laquelle nous nous relevions, mon maître d'équipage & moi, pour gouverner, fur un compas de route, éclairé d'un petit fanal : je me trouvai, tenant le gouvernail, fi excédé de fatigue, que le fommeil me furprit; mais je fus bien promptement & bien cruellement réveillé par un coup de vent, qui donnant fubitement, & avec impétuofité dans la voile, coucha la chaloupe, & la remplit d'eau dans un inftant; auffi-tôt je larguai l'efcoute, & pouffant en même temps le gouvernail à arriver vent arriere, j'évitai par cette prompte manœuvre, un naufrage d'autant plus indifpenfable, que nous étions éloignés de plus de quinze lieues de toute terre. Mes compagnons, qui dormoient, furent auffi bientôt réveillés, ayant de l'eau par-deffus la tête; notre bifcuit & notre baril de bierre, dans lequel la mer entra, furent entierement gâtés, & nous fûmes très-long-temps à vuider l'eau avec nos chapeaux : à la fin la chaloupe étant foulagée, je remis à route pendant le refte de la nuit; & le jour fuivant vers les huit heures du foir, nous abordâmes à la côte de Bretagne à deux lieues de Treguier. Charmé de me voir échappé de tant de périls, je fautai légérement fur le rivage, pour embraffer ma terre natale,

1694.

tale, & pour rendre graces à Dieu, qui m'avoit confervé. Nous gagnâmes enfuite le village le plus prochain, où l'on nous donna du lait & du pain bis, que l'appétit nous fit trouver délicieux ; après quoi nous nous endormîmes fur de la paille fraîche.

Le jour ayant paru, nous nous rendîmes à Treguier, & de-là à Saint-Malo. J'appris en y arrivant, que mon frere aîné étoit parti pour Rochefort, où il armoit pour moi le vaiffeau du Roi le *François* de quarante-huit canons, comptant m'en réferver le commandement jufqu'à mon retour d'Angleterre. Je pris la pofte pour l'aller joindre, & je trouvai ce vaiffeau mouillé aux rades de la Rochelle ; il ne lui manquoit rien pour partir.

Je montai deffus le lendemain, & cinglant en haute mer, j'établis ma croifiere fur les côtes d'Angleterre & d'Irlande. J'y pris d'abord cinq vaiffeaux chargés de tabac & de fucre, & un fixiéme chargé de mâts & de pelleteries, venant de la nouvelle Angleterre : ce dernier s'étoit féparé depuis deux jours d'une flotte de foixante voiles, efcortée par deux vaiffeaux de guerre anglois ; l'un nommé le *Sans Pareil*, de cinquante canons ; l'autre le *Bofton*, de trente-huit, mais percé à foixante-douze. Les habi-

* D 2   tans

tans de Boston l'avoient fait conftruire , & l'a-
voient chargé des plus beaux mâts , & des pelleteries les plus recherchées , pour en faire préfent au
Prince d'Orange , qui avoit pris alors le titre de
Roi d'Angleterre. Je m'informai avec grand foin
du capitaine de ce dernier vaiffeau marchand que
j'avois pris , de l'air de vent où cette flotte pouvoit
être , je courus à toutes voiles de ce côté-là , & j'en
eus connoiffance vers le midi.

L'impatience que j'avois de prendre ma revanche , me fit , fans héfiter, attaquer les deux vaiffeaux
de guerre qui lui fervoient d'efcorte. J'eus le bonheur , dès mes premieres bordées , de démâter le
Bofton de fon grand mât de hune , & de lui couper fa grande vergue ; cet accident le mit hors d'é-
tat de traverfer le deffein que j'avois d'aborder le
Sans Pareil ; j'en profitai, & mes grapins furent jettés au milieu du feu mutuel de notre canon & de
notre moufqueterie. J'avois fait difpofer un fi grand
nombre de grenades , de l'avant à l'arriere de mon
vaiffeau , que fes ponts & fes gaillards furent né-
toyés en fort peu de temps : Je fis battre la charge ,
& mes gens commençoient à pénétrer fur fon
bord , lorfque le feu prit à fa pouppe avec tant de
violence ,

violence, que je fus contraint de faire pousser
promptement au large, pour ne pas brûler avec
lui. Cet embrasement ne fut pas plûtôt éteint, que
je le racrochai une seconde fois, alors le feu prit
aussi dans ma hune & dans ma voile de misaine,
ce qui m'obligea encore de déborder. La nuit vint
sur ces entrefaites, & toute la flotte se disperfa ; les
deux vaisseaux de guerre furent les seuls qui se con-
serverent, & que je conservai de même très-soi-
gneusement ; cependant je fus obligé de faire changer toutes mes voiles, qui étoient criblées ou bru-
lées ; les ennemis de leur côté me paroissoient aussi
occupés que moi, pour tâcher de se réparer.

Aussi-tôt que le jour parut, je recommençai le
combat avec la même ardeur, & je me présentai
une troisiéme fois à l'abordage du *Sans Pareil* ; au
milieu de nos bordées de canon & de mousqueterie, ses deux grands mâts tomberent dans mes porte-
haubans : cet accident, qui le mettoit hors d'état de
combattre, & dans l'impossibilité de s'échapper,
m'empêcha de permettre à mes gens de sauter à
bord : au contraire, je fis pousser précipitamment
au large, & courus avec la même activité sur le
Boston, qui mit alors toutes ses voiles au vent, pour
s'enfuir ;

1694.

s'enfuir, mais inutilement ; je le joignis, & m'en étant rendu maître en peu de tems, je revins sur son camarade, qui se trouvant ras comme un ponton, fut aussi obligé de céder.

Je me souviens d'une scene assez plaisante qui se passa lorsque j'eus soumis ces deux vaisseaux : un Hollandois, capitaine d'une prise que j'avois faite peu de jours auparavant, monta sur le gaillard pour m'en faire compliment : il me dit, d'un air vif & content, qu'il venoit aussi de remporter sa petite victoire sur le capitaine de la prise angloise qui m'avoit donné le premier avis de cette flotte : qu'étant descendus tous deux à fond de cale, un moment avant que notre combat commençât, l'Anglois lui avoit dit, camarade, réjouissez-vous, vous serez bientôt en liberté ; le vaisseau le *Sans Pareil* est monté par un des plus braves capitaines de toute l'Angleterre : il a pris à l'abordage, avec ce même vaisseau, le fameux Jean Bart, & le chevalier de Fourbin ; le capitaine du *Boston* n'est pas moins brave, & est tout au moins aussi bien armé : ils ont fortifié leurs équipages de celui d'un vaisseau anglois qui s'est perdu depuis peu sur la côte de Boston : ainsi vous jugez bien que ce François ne pourra pas leur résister

réfifter long-tems. Le Hollandois m'ajouta qu'il lui
avoit répondu qu'il me croyoit plus brave qu'eux ,
& qu'il parieroit fa tête que je ferois victorieux : que
de difcours en difcours ils en étoient venus aux
mains , & que l'Anglois avoit été bien battu, qu'il
venoit m'en faire part , me demandant pour toute
grace de faire monter mon adverfaire fur le pont ,
afin qu'il vît de fes yeux ces deux vaiffeaux foumis ,
& qu'il en crevât de dépit : effectivement je l'envoyai chercher , il perdit toute contenance , quand
il apperçût fon *Sans Pareil ,* & fon *Bofton* dans le pi-
toyable état où je les avois mis ; & il fe retira promptement , s'arrachant les cheveux , & jurant à faire
trembler. On m'apporta un moment après les
brevets de Meffieurs Bart, & de Fourbin , tous deux
depuis chefs d'efcadre , qui avoient été enlevés par
le *Sans Pareil,* comme le capitaine hollandois venoit
de me le dire.

J'eus une peine infinie à amariner ces deux vaiffeaux, ma chaloupe & mon canot étoient hachés, &
pour furcroît il furvint une tempête qui me mit dans
un très-grand péril, par le défordre où j'étois après
un combat fi long & fi opiniâtre ; tous les officiers du
Sans Pareil avoient été tués ou bleffés, & de mon côté
j'avois

1694.

 j'avois perdu près de la moitié de mon équipage.
Cette tempête nous sépara tous. M. Boscher, qui
étoit mon capitaine en second, & qui s'étoit fort
distingué dans le combat, se trouvant commander
sur le *Sans Pareil*, fut obligé de faire jetter à la mer
tous les canons de dessus son pont & de ses gaillards;
& quoiqu'il fût sans mâts, sans canons, & sans voiles, il eut l'habileté de sauver ce vaisseau, & de le
mener dans le port Louis; le *Boston* trouva après la
tempête quatre corsaires de Flessingue qui le reprirent à la vûe de l'isle d'Ouëssant; & ce fut avec bien
de la peine que je gagnai le port de Brest avec mon
vaisseau démâté de ses mâts de hune, & de son artimon, & tout délabré.

Le feu Roi, attentif à récompenser le zéle &
la bonne volonté, me fit la grace, après cette
action, de m'envoyer une épée; je la reçus, accom-
pagnée d'une lettre très-obligeante de M. de Pontchartrain, alors Secretaire d'Etat de la Marine, &
depuis Chancelier de France, qui m'exhortoit à mettre mon vaisseau en état d'aller joindre M. le Marquis de Nesmond aux rades de la Rochelle: je ne
perdis point de tems à me rendre à cette destina-
tion.

Nous

Nous nous trouvâmes cinq vaiſſeaux de guerre
ſous ſon commandement. L'*Excellent* de ſoixante-
deux canons, monté par ce Général, le *Pelican* de
cinquante, commandé par M. le chevalier des Augers,
le *Fortuné* de cinquante-ſix, par M. de Beaubriant,
le *Saint-Antoine* de Saint-Malo, auſſi de cinquante-
ſix canons, par M. de la Villeſtreux, & le *François*
de quarante-ſix canons, que je montois. Cette eſcadre croiſa à l'entrée de la manche. Nous y trouvâmes trois vaiſſeaux de guerre anglois; & leur ayant
donné chaſſe, je me trouvai un peu de l'avant du
reſte de l'eſcadre, & préciſement dans les eaux du
plus gros vaiſſeau ennemi, monté de ſoixante-ſeize
canons, & nommé l'*Eſpérance*. Je le joignis à une bonne portée de fuſil, & je me préparai à l'aborder, dans
la réſolution de ne pas tirer un coup qu'après avoir
jetté mes grapins à ſon bord. Sur ces entrefaites
M. le marquis de Neſmond, qui avoit auſſi-bien
que tous les vaiſſeaux de ſon eſcadre, pavillon &
flame angloiſe, tira un coup de canon à balle ſous
le vent ſans changer de pavillon; ſur quoi tous les
officiers, qui étoient ſur mon bord, me repréſen-
terent que le commandant n'ayant point arboré ſon
pavillon blanc, ce coup de canon ne pouvoit être

1 6 9 4.

E   qu'un

qu'un commandement pour moi de l'attendre, & que si je n'y déférois pas, je tomberois dans le cas de défobeïſſance, le deſſein du commandant ne pouvant jamais être de me faire combattre ſous pavillon ennemi. J'eus une peine infinie à céder à cette remontrance, & à conſentir qu'on carguât ma grande voile, ne pouvant me conſoler de laiſſer échapper une ſi belle occaſion de me diſtinguer; mais je fus bien plus déſolé quand je vis, un quart d'heure après, M. le marquis de Neſmond mettre enfin ſon pavillon blanc, & tirer un autre coup de canon pour commencer le combat. Je fis à l'inſtant remettre ma grande voile, & tirer toute ma bordée au vaiſſeau l'*Eſpérance*; M. de la Villeſtreux, capitaine du *Saint-Antoine*, attaqua en même temps l'*Angleſey* de cinquante-huit canons; mais à peine eûmes-nous tiré trois ou quatre bordées, que M. le marquis de Neſmond joignit l'*Eſpérance*, & le combattit à portée du piſtolet ſi vivement, qu'il le démâta de ſon grand mât, & s'en rendit maître après une aſſez belle réſiſtance. M. de la Villeſtreux avoit été bleſſé mortellement en abordant l'*Angleſey*; d'ailleurs ſon vaiſſeau fut tellement déſemparé de ſes voiles & de ſes manœuvres, que l'ennemi s'échappa avec ſon camarade, à la faveur de la nuit.   Je

Je fis mes juftes plaintes à M. le marquis de Nefmond, de ce qu'il m'avoit obligé de carguer ma
grande voile par ce coup de canon à balle qu'il
avoit tiré fous pavillon anglois, m'ayant privé par-
là de l'honneur que j'allois acquérir fous fes yeux,
en abordant le vaiffeau l'*Efpérance.* Je pris la liberté
de lui dire que mes officiers & tout mon équipage
étoient témoins que j'y étois préparé, & bien dé-
terminé, & qu'il étoit fort trifte pour moi qu'il fe
fût fervi de fon autorité pour profiter de cette occafion à mon préjudice. Il me répondit qu'il en étoit
bien fâché par rapport à moi; mais que c'étoit une
méprife de fon capitaine de pavillon, qui n'avoit
pas fait attention au pavillon anglois, & que toute
la faute, s'il y en avoit une, rouloit fur cet officier,
& non fur moi, qui avois bien rempli mon devoir.
Cependant les équipages des autres vaiffeaux qui
m'avoient vû le plus près des ennemis, & n'avoient
pas fait attention au coup de canon que le commandant avoit tiré fous pavillon anglois, avoient été
furpris de me voir carguer ma grande voile : ils
eurent même l'injuftice d'interpréter à mon défavan-
tage la manœuvre que j'avois faite ; & fans appro-
fondir les raifons de fubordination qui m'y avoient

1694.

E 2   obligé,

1694.

obligé, ils me taxerent de peu de zéle dans leurs chanfons matelotes ; mais ils en ont fait depuis ce temps-là un fi grand nombre d'autres à mon honneur, qu'ils ont réparé & au-delà, cette légére injuftice. M. le marquis de Nefmond rendit en cette occafion des témoignages fi publics & fi autentiques de ma conduite, que j'eus tout lieu d'en être fatisfait.

1695.

Le Roi m'ayant continué le commandement de fon vaiffeau le *François*, & à M. de Beaubriant, celui du vaiffeau le *Fortuné*, pour les employer à détruire les baleiniers hollandois fur les côtes de Spitzberg, nous fortîmes tous deux du port Louis, où nous avions fait caréner nos vaiffeaux, & fîmes route pour nous rendre fur ces parages ; mais les vens contraires nous traverferent avec tant d'opiniâtreté, qu'après avoir vainement lutté contre, & confommé toute notre eau, nous fûmes contraints d'aller la renouveller aux ifles de Fero, après quoi la faifon étant trop avancée pour aller jufqu'à Spitzberg, nous demeurâmes à croifer fur les Orcades : enfin, rebutés de n'y rencontrer aucun vaiffeau ennemi, nous fîmes route pour aller confommer le refte de nos vivres fur les côtes d'Irlande.

Le

Le malheur que nous avions eu de ne rien trouver pendant trois mois de croifiere, avoit confter-
né les officiers & les équipages de nos deux vaiffeaux ; j'étois feul à les encourager par un preffen-
timent fecret, qui ne me quitta jamais, & qui me
donnoit un air content au milieu d'une trifteffe générale. La joye & la confiance que je tâchois de leur
infpirer, & l'affurance que je leur donnois hardiment de quelque bonne avanture, fut juftifiée heureufement par la rencontre que nous fîmes fur les
blafques, de trois vaiffeaux anglois, venant des Indes
orientales, très-confidérables par leur force, & plus
encore par leur richeffe. Le commandant nommé la
Défenfe, étoit percé à foixante-douze canons, & monté à cinquante-huit ; le fecond nommé la *Réfolution*,
étoit percé de foixante canons, & monté de cinquante-fix ; le troifiéme, dont je ne puis retrouver
le nom, avoit quarante canons montés : ils nous at-
tendirent en ligne. M. de Beaubriant donna en paffant fa bordée au commandant anglois, & pouffant
fa pointe, il s'attacha à combattre & à réduire le fecond. Je le fuivis, le beaupré fur la pouppe ; & auffi-
tôt qu'il eut dépaffé le commandant, je le combattis fi vivement, que je m'en rendis maître. Dès qu'il

fut

1695.

fut foumis, je courus, fans perdre de tems, fur le troifiéme vaiffeau, qui fuyoit à toutes voiles : il fe défendit avec beaucoup d'opiniâtreté. Il eft vrai que je le ménageois un peu, dans la crainte de le démâter ; & d'ailleurs je ne jugeois pas à propos de l'aborder, par rapport au pillage, qui auroit été en ce cas prefque inévitable ; il fe rendit à la fin, & nous les amarinâmes tous trois, de façon à fe dé-fendre, s'il en étoit befoin. Nous les efcortâmes dans le port Louis, & les richeffes dont ils étoient chargés, donnerent plus de vingt pour un de pro-fit, malgré tout le pillage qu'il n'avoit pas été pof-fible d'empêcher.

Après cette heureufe campagne, le defir me prit de faire un voyage à Paris, pour me faire connoî-tre à M. le comte de Toulouze, & à M. de Pont-chartrain ; mais encore plus pour me donner la fa-tisfaction de voir à mon aife la perfonne du feu Roi, pour lequel dès ma tendre jeuneffe je m'é-tois fenti un grand fond d'amour & de vénération. M. de Pontchartrain voulut bien me préfenter à Sa Majefté ; & mon admiration redoubla à la vûe de ce grand Monarque. Il daigna paroître content de mes foibles fervices ; & je fortis de fon cabinet, le

cœur

cœur pénétré de la douceur & de la nobleſſe qui
regnoient dans ſes paroles & dans ſes moindres actions : le deſir que j'avois de me rendre digne de
ſon eſtime, en devint plus ardent. Après quelque
ſéjour à Paris, je pris tout d'un coup la réſolution
de me rendre au port Louis, dans le deſſein d'y armer le *Sans Pareil*, que j'avois pris ſur les Anglois;
mais au lieu de cinquante canons qu'il avoit auparavant, je n'en fis mettre que quarante-deux,
afin de le rendre plus léger.

Ce vaiſſeau étant caréné, je mis à la voile; &
m'étant rendu ſur les côtes d'Eſpagne, j'appris par
quelques vaiſſeaux neutres, que je rencontrai, qu'il
y avoit dans le port de Vigo trois vaiſſeaux hollandois qui attendoient l'arrivée d'un vaiſſeau de
guerre anglois, lequel devoit inceſſamment ſortir
de la Corogne, pour les prendre en paſſant, & les
eſcorter juſqu'à Lisbonne. Je refléchis ſur cet avis,
& je formai le deſſein de faire uſage de mon *Sans
Pareil*, pour tromper les Hollandois. En effet, je
me préſentai un beau matin à l'entrée de Vigo avec
pavillon & flame angloiſe, mes baſſes voiles carguées, mes perroquets en banniere, & un yacht
anglois au bout de ma vergue d'artimon ; manœu-

vre

1695.

1696.

vre que j'avois vû faire aux Anglois en cas à peu près semblable. La fabrique angloise du *Sans Pareil*, aida si bien à ce stratagême, que deux de ces vaisseaux, abusés par ces apparences, mirent à la voile, & vinrent bonnement se ranger sous mon escorte, le troisiéme en auroit sûrement fait autant, s'il avoit été en état de lever l'ancre. Je trouvai ces vaisseaux chargés de gros mâts, & d'autres bonnes marchandises.

M'étant mis en route pour les conduire dans le premier port de France, je me trouvai à la pointe du jour à trois lieues sous le vent de l'armée navalle des ennemis; sur cet incident très-embarrassant, je pris mon parti, sans balancer. J'ordonnai à ceux qui commandoient mes deux prises, d'arborer pavillon hollandois, & d'arriver vent arriere, après m'avoir salué de sept coups de canon chacun; ensuite me confiant dans la bonté & dans la fabrique du *Sans Pareil*, je fis voile vers l'armée ennemie avec autant d'assûrance & de tranquillité, que j'aurois pû faire si j'avois été réellement un des leurs, qui, après avoir parlé à des vaisseaux hollandois, eût voulu se rallier à son corps.

Il s'étoit d'abord détaché de cette armée deux gros

gros vaiſſeaux, & une frégate de trente-ſix canons,
pour venir me reconnoître ; les deux vaiſſeaux ,
trompés par ma manœuvre, ceſſerent bientôt leur
chaſſe, & retournerent à leur poſte ; la ſeule frégate , pouſſée par ſon mauvais deſtin , s'opiniâtra
à vouloir parler à mes deux priſes ; & je vis qu'elle
les joignoit à vue d'œil. Je navigeois alors avec
toute l'armée, & paroiſſois fort tranquille, quoique je fuſſe intérieurement déſeſperé de ce que ces
priſes alloient infailliblement tomber au pouvoir
de cette frégate. Comme je m'apperçus cependant
que mon vaiſſeau alloit beaucoup mieux que ceux
des ennemis qui étoient les plus près de moi, je fis
courir inſenſiblement le mien un peu largue , pour
me mettre de l'avant d'eux ; & tout d'un coup je
forçai de voiles pour aller me placer entre mes
priſes & la frégate. Je m'y rendis aſſez à temps pour
lui barrer le chemin, & pour la combattre , comme je fis , à la vûe de toute l'armée ; je l'aurois
même enlevée, s'il m'avoit été poſſible de l'aborder, mais le capitaine qui la montoit, conſerva aſſez de défiance & d'habileté pour ſe tenir une portée de fuſil au vent ; & il jugea à propos d'envoyer
ſon canot à mon bord. Les gens de ce canot étant

1696.

F   à

à moitié chemin, me reconnurent pour François,
& se mirent en devoir de retourner à leur frégate ;
alors me voyant démasqué, je fis arborer mon pavillon blanc, à la place de l'anglois que j'avois à
pouppe, & je commençai au même instant le combat : cette frégate me répondit de toute sa bordée ;
mais ne pouvant soutenir le feu de mon canon &
de ma mousqueterie, elle trouva moyen de revirer de bord à la rencontre de plusieurs gros vaisseaux, qui se détacherent pour venir promptement
à son secours. Leur approche m'obligea de la quitter dans un temps où elle se trouvoit si maltraitée,
qu'elle mit à la bande, avec un pavillon rouge sous
ses barres de hune, en tirant des coups de canon
de distance en distance. Ce signal pressant d'incom-
modité fit que les vaisseaux les plus près d'elle s'arrêterent pour la secourir, ils recueillirent en même
temps son canot, qui n'avoit pû regagner son bord,
& avoit fait route du côté de l'armée pendant notre combat. Toutes ces circonstances, favorables
pour moi, me donnerent le temps de rejoindre mes
prises à l'entrée de la nuit, & je les conduisis au
port Louis.

Aussi-tôt que je les eus mises en sûreté, j'allai
croiser

croiſer à l'entrée de la Manche, où je rencontrai
un fleſſinguois revenant de Curaçao; je m'en rendis
maître, & le conduiſis dans le port de Breſt, où je
fis caréner mon vaiſſeau.

1696.

Je fis en même temps équiper une frégate de
ſeize canons, dont je donnai le commandement
à un de mes jeunes freres, qui m'avoit donné en
plus d'une occaſion des marques d'une capacité au-
deſſus de ſon âge. Nous mîmes enſemble à la voile,
& fûmes croiſer ſur les côtes d'Eſpagne. Nous y con-
ſommâmes la plus grande partie de nos vivres ſans
rien trouver; & comme nous commencions à manquer d'eau, je jugeai à propos d'en aller chercher
auprès de Vigo, dans l'eſpérance d'y faire en même
temps quelque capture. Sur cette idée je fus moüiller entre ce port & les iſles de Bayonne; & n'y ayant
rien rencontré, je m'attachai à découvrir un endroit
qui fût propre à faire de l'eau. Pour cet effet, nous
nous embarquâmes, mon frere & moi, dans mon
canot, avec quelques volontaires; & ayant remarqué une anſe à main droite, d'où paroiſſoit couler
un ruiſſeau; nous avançâmes pour la reconnoître
de plus près. Mais en l'approchant, nous fûmes ſa-
lués de pluſieurs coups de fuſil, qu'on nous tira des

F 2

retranchemens

retranchemens qui bordoient le rivage : ma premiere penfée , & plut à Dieu que je l'euffe fuivie , fut de retourner à bord de nos vaiffeaux , &
de méprifer de pareilles canailles ; mais mon frere,
jeune & ardent aux occafions d'honneur , me repréfenta qu'il feroit honteux de fe retirer pour de
miférables payfans , qui n'étoient pas capables de
tenir devant nous ; qu'il falloit les aller attaquer ,
& faire en même temps fignal à nos vaiffeaux de
nous envoyer le fecours que j'avois ordonné que
l'on y tînt prêt , en cas de befoin. J'avouerai qu'une
mauvaife honte , & un ridicule point d'honneur
l'emporterent fur la répugnance que j'avois à fuivre ce confeil ; je mis donc pied à terre , fuivi
d'une vingtaine de jeunes gens , qui étoient dans
mon canot ; nous forçâmes , l'épée à la main , les
retranchemens d'où l'on avoit tiré , & nous nous y
établîmes , après en avoir chaffé ceux qui les gardoient. Il arriva bientôt après de nos vaiffeaux cent
cinquante hommes bien armés ; j'en laiffai vingt
à la garde des retranchemens , fur lefquels je fis
mettre les pierriers de nos chaloupes , pour affûrer
notre retraite. J'en donnai cinquante autres à commander à mon frere , avec ordre d'aller prendre à
revers

revers un gros bourg, où j'avois remarqué que les
milices efpagnoles s'étoient affemblées, tandis que
je l'attaquerois de front avec cent hommes qui me
reftoient. Dans cette réfolution, je m'avançai, tambour battant, vers l'endroit où je croyois trouver
le plus de réfiftance : mon frere fe laiffant emporter à l'ardeur de fon courage, preffa fa marche plus
que moi, & attaqua le premier, à ma vûë, les retranchemens de ce bourg, qu'il enleva dans un moment ; fa valeur lui devint funefte, il reçut, en les
franchiffant le premier, un coup de moufquet qui
lui traverfoit l'eftomach. Je combattois en même
temps de mon côté ; & ayant auffi forcé ces retranchemens, j'étois occupé à faire donner quartier à
quatre-vingts Efpagnols qui avoient mis les armes
bas, quand je reçus cette trifte nouvelle ; il eft difficile d'exprimer à quel point j'en fus pénétré ; cet
infortuné frere m'étoit encore plus cher par fon intrépidité, & par fon caractere aimable, que par les
liens du fang. Je reftai d'abord immobile, après
quoi devenant tout-à-coup furieux, je courus comme
un défefpéré vers ceux des ennemis qui réfiftoient,
& j'en facrifiai plufieurs à ma douleur. Pendant
que tous mes gens s'abandonnoient au pillage, il

parut

1696.

parut une troupe de cavalerie fur la hauteur. Je repris alors mes fens, & raffemblant la plus grande
partie de mes foldats, avec affez de promptitude,
je courus chercher mon frere. Je le trouvai couché
fur la terre ; & baigné dans fon fang, qu'on s'efforçoit en vain d'arrêter ; un objet fi touchant m'ar-
racha des larmes ; je l'embraffai, fans avoir la force
de lui parler, & je le fis emporter fur le champ à
bord de mon vaiffeau, où je l'accompagnai, ne
pouvant me réfoudre à le quitter dans l'état déplo-
rable où je le voyois. Je laiffai aux officiers le foin
de faire rembarquer tous nos gens ; & j'ordonnai au
premier lieutenant de mon vaiffeau de les couvrir,
& d'affûrer notre retraite, qui fe fit fans confufion,
& avec fort peu de perte.

Mon frere ne vêcut que deux jours, & rendit
fon dernier foupir entre mes bras, avec de grands
fentimens de religion, & une fermeté héroïque ; la
tendreffe & la douleur me rendirent éloquent à
l'exhorter dans ces momens ; & je demeurai dans
un accablement extrême. J'ordonnai qu'on levât
l'ancre, & qu'on mît à la voile, pour porter fon
corps à Viana, ville portugaife fur la frontiere d'Efpagne, où je lui fis rendre les derniers devoirs avec
tous

tous les honneurs dûs à fa valeur, & à fon mérite, qui certainement n'étoit pas commun. Toute la nobleffe des environs affifta à fes funérailles, & parut fenfible à la perte d'un jeune homme, qui emportoit les louanges & les regrets de tous nos équipages.

M'étant acquitté de ce trifte devoir, je repris la mer pour confommer le refte de mes vivres ; & ayant rencontré un vaiffeau hollandois venant de Curaçao, je m'en rendis maître, & le conduifis à Breft. J'y défarmai mes deux vaiffeaux. J'avois l'efprit continuellement agité de l'idée de mon frere expirant entre mes bras. Cette cruelle image me réveilloit en furfault toutes les nuits ; & pendant fort long-temps elle ne me laiffa pas un moment de repos.

Six mois après M. Defclufeaux, intendant de la marine à Breft, qui m'eftimoit plus que je ne méritois, m'engagea par fes follicitations à prendre le commandement de trois vaiffeaux, qu'il vouloit envoyer au-devant de la flotte de Bilbao. Ces vaiffeaux étoient le *Saint Jacques des Victoires* de quarante-huit canons, le *Sans Pareil* de quarante-deux, & la frégate la *Léonor* de feize canons. Je montai le premier

mier vaiffeau, & je confiai le commandement du second à mon parent M. Bofcher, qui m'avoit fervi jufques-là de capitaine en fecond, & dont j'avois éprouvé la valeur & la capacité.

Huit jours après notre départ de Breft, j'eus connoiffance de cette flotte qui étoit efcortée par trois vaiffeaux de guerre hollandois, commandés par M. le baron de Waffenaer, Vice-Amiral de Hollande. Ces vaiffeaux étoient, le *Delft*, & le *Houslaerdik*, tous deux de cinquante-quatre canons, & un troifiéme, dont j'ai oublié le nom, de trente-huit. Le grand vent & l'agitation des vagues m'obligerent [de les conferver pendant deux jours, au bout defquels j'étois fur le point de hafarder un combat affez inégal, quand, par bonheur, je découvris deux frégates de Saint-Malo, l'une de trente canons, nommée l'*Aigle Noir*, montée par M. de Belifle-Pepin, & l'autre de trente-huit canons, nommée la *Faluere*, par M. Deffandrais-Dufrêne; nous tînmes confeil enfemble, & difposâmes notre attaque de la maniere fuivante.

Les trois vaiffeaux de guerre ennemis étoient en panne au vent de leur flotte; le *Delft* commandant au milieu, le *Houflaerdik* à fon arriere, & le troifiéme

troifiéme de l'avant. Je devois les attaquer le premier, & après avoir donné en paffant ma bordée
au *Houflaerdik*, pouffer ma pointe pour aller aborder le commandant. Le *Sans Pareil* étoit deftiné
à me fuivre, le beaupré fur ma pouppe, & à accrocher le *Houflaerdik*, auffi-tôt que je l'aurois dépaffé. Les frégates l'*Aigle Noir*, & la *Faluere*, devoient s'attacher à réduire le troifiéme vaiffeau de
guerre, & donner enfuite dans le corps de la flotte. A l'égard de la *Leonore*, elle étoit uniquement
deftinée à prendre des vaiffeaux marchands.

Dans cette difpofition nous arrivâmes fur les
ennemis ; & comme j'allois ranger fous le vent le
Houflaerdik, il mit le vent dans fes voiles d'avant,
& appareilla fa mifaine. Ce changement imprévû
de manœuvre en apporta néceffairement à notre
difpofition, en ce qu'étant venu à l'abri des voiles
de ce vaiffeau, il me fut impoffible de le dépaffer, pour aller aborder le commandant ; celui-ci
arriva en même temps fur moi, à deffein de me
mettre entre deux feux ; & je n'eus d'autre parti à
prendre que celui d'aborder le *Houflaerdik*. Alors
le capitaine du *Sans Pareil*, qui me fuivoit de près,
fe détermina, fans héfiter, à couper chemin au

G   commandant,

1696.

1697.

commandant , & enfuite à l'aborder de long en long avec une audace , & une conduite admirable ; les deux frégates de Saint-Malo attaquerent en même temps le troifiéme vaiffeau; & la *Leonore* donna , comme je l'avois ordonné, dans le milieu de la flotte.

Les deux abordages des vaiffeaux le *Honflaerdik* & le *Delft* , furent exécutés avec une égale fierté, mais avec un fuccèsbien différent. Je fis fauter àbord du premier la moitié de mesofficiers, avec cent vingt de mes meilleurs hommes, qui l'enleverent d'emblée. Je pouffai en même temps au large, & courus avec empreffement fecourir le *Sans Pareil* , qui toujours accroché au commandant , en effuyoit un feu terrible. J'arrivai près d'eux comme la pouppe de mon camarade fautoit en l'air , par le feu qu'un boulet avoit mis à des caiffes remplies de gargouffes. Plus de quatre-vingts hommes en furent écrafés ou jettés à la mer ; & le feu étant prêt de fe communiquer à la foutte aux poudres ; j'attendois avec frayeur le moment de le voir perir; dans ce danger preffant M. Bofcher , qui commandoit ce vaiffeau , conferva affez de fermeté & de fang froid pour faire couper fes grapins , & pouffer au large. Défefpéré de

ce

ce fâcheux contre-temps, & de la perte de ce brave
parent qui me paroiſſoit inévitable, je m'avançai
pour prendre ſa place, & pour le venger ; ce nouvel abordage fut très-ſanglant, par la vivacité de
notre feu mutuel de canon, de mouſqueterie, &
de grenades, & par le grand courage de M. le baron de Waſſenaer, qui me reçût avec une fierté
étonnante. Les plus braves de mes officiers, & de mes
ſoldats, furent repouſſés juſqu'à quatre fois : il en
perit un ſi grand nombre, que malgré mon dépit
& tous mes efforts, je fus contraint de faire pouſſer
mon vaiſſeau au large, afin de redonner un peu
d'haleine à mes gens, que je voyois preſque rebutés, & de pouvoir travailler à réparer mon déſor-
dre, qui n'étoit pas médiocre.

Dans cet intervalle, l'*Aigle Noir* & la *Faluere*,
s'étoient rendus maîtres du troiſiéme vaiſſeau de
guerre ; & cette derniere frégate ſe trouvant à portée de ma voix, j'ordonnai à M. Deſſandrais-Du-
frêne, qui la montoit, de s'avancer ſur le vaiſſeau
le *Delft*, afin d'entretenir le combat, & de me donner le temps de revenir à la charge. Il s'y préſen-
ta de la meilleure grace du monde, mais malheu-
reuſement il fut tué des premiers coups. Ce nou-

G 2

veau

veau contre-temps mit le défordre dans cette frégate, qui vint en travers, & m'attendit. J'appris,
avec une extrême douleur, la mort d'un homme
fi courageux; & je dis à M. de Langavan fon capitaine en fecond, de me fuivre pour le venger.
En effet, je retournai tête baiffée, aborder ce re-
doutable Baron, réfolu de vaincre ou de perir.
Cette derniere fcêne fut fi vive & fi fanglante,
que tous les officiers de fon vaiffeau furent tués ou
bleffés; il reçut lui-même quatre bleffures très-
dangereufes, & tomba fur fon gaillard de derriere,
où il fut pris les armes à la main. La frégate la *Faluere* eut part à ce dernier avantage, en venant m'a-
border, & en jettant dans mon bord quarante hommes de renfort.

Plus de la moitié de mon équipage perit dans
cette action. J'y perdis un de mes coufins ger-
mains, premier lieutenant fur mon vaiffeau, &
deux autres parens fur le *Sans Pareil:* plufieurs autres officiers furent tués ou bleffés. Ce combat fut
fuivi d'une tempête & d'une nuit affreufe, qui nous
fépara les uns des autres. Mon vaiffeau, percé de
coups de canon à l'eau, & entr'ouvert par les abordages réitérés, couloit bas; il ne me reftoit qu'un

feul

seul officier, & cent cinquante-cinq hommes des
moindres de mon équipage, qui fussent en état
de servir ; & j'avois plus de cinq cens prisonniers
hollandois à garder : je les employai à pomper, &
à puiser l'eau, de l'avant à l'arriere de mon vaisseau ; & nous étions forcés, cet officier & moi,
d'être continuellement sur pied, l'épée & le pistolet à la main, pour les contenir ; cependant toutes
nos pompes & nos puits ne suffisant pas pour nous
empêcher de couler bas, je fis jetter à la mer tous
les canons du second pont, & des gaillards, mâts,
& vergues de rechange, boulets & pinces de fer,
& jusqu'aux cages à poulles. Enfin, l'extrêmité devint si pressante, que l'eau se déchargeoit aux roul-
lis du fond de cale dans l'entre-pont ; mais dans ce
péril menaçant, rien ne me toucha plus sensible-
ment, que l'horreur de voir cent malheureux blessés, fuyant l'eau qui les gagnoit, se traîner sur les
mains, avec des gémissemens affreux, sans qu'il me
fut possible de les secourir. La mort nous environ-
nant ainsi de toutes parts, je me déterminai à faire
gouverner sur la côte de Bretagne, qui ne pouvoit
être loin, afin de perir au moins plus près de terre,
avec le foible & unique espoir, que quelqu'un pourroit

1 6 9 7.

roit s'y fauver, par hafard, fur les débris du vaiffeau. Cette réfolution fut caufe de notre falut ; car
en faifant cette route, nous fûmes obligés de préfenter le côté de babord au vent ; & comme c'é-
toit le plus endommagé de l'abordage, & des coups
de canon à fleur d'eau, il arriva que ce côté fe trouvant en partie au-deffus de la mer, elle n'y entra
plus avec la même rapidité ; enforte que redou-
blant nos efforts, nous foulageâmes le vaiffeau de
deux bons pieds d'eau. Sur ces entrefaites les matelots placés en garde fur le mât de beaupré s'é-
crierent qu'ils voyoient les brifans des rochers, &
que nous allions perir deffus, fi on ne revenoit pas
dans le moment du côté de tribord : il eft naturel de fuir le danger le plus preffant, pour prolonger fa vie, ainfi nous ne balançâmes point à changer de route; mais en moins d'une demie-heure le
vaiffeau fe remplit d'eau, comme auparavant. Trois
fois nous fîmes cette manœuvre, & trois fois nous
la changeâmes pendant la nuit. Auffi-tôt que le
jour parut, nous connûmes que nous étions entre
l'ifle de Grois, & la côte de Bretagne. Je fis mettre un pavillon rouge fous les barres de hune, &
tirer des coups de canon de diftance en diftance,

pour

pour attirer un prompt fecours. Heureufement le vent avoit beaucoup diminué, de forte qu'un grand nombre de bateaux fe rendirent à mon bord, qui foulagerent nos gens épuifés, & firent entrer le vaiffeau dans le port Louis.

Un hafard fingulier, fit que les trois vaiffeaux de guerre hollandois, avec douze autres vaiffeaux marchands de leur flotte, arriverent le même jour, ainfi que l'*Aigle Noir*, la *Faluere*, & la *Leonore* ; le *Sans Pareil* s'y rendit auffi le lendemain, après avoir été vingt fois fur le point de perir par le feu & par la tempête.

Un de mes premiers foins, en arrivant, fut de m'informer de l'état où fe trouvoit M. le baron de Waffenaer, que je favois très-griévement bleffé ; & j'allai fur le champ lui offrir avec empreffement ma bourfe, & tous les fecours qui étoient en mon pouvoir. Ce généreux guerrier, dont la valeur m'a- voit infpiré de l'amour & de l'émulation, ne vou- lut pas me faire l'honneur d'accepter mes offres, il fe contenta de m'en témoigner beaucoup de re- connoiffance, & de me dire qu'il fe feroit plus aifé- ment confolé de fon malheur, s'il avoit pû fe faire porter à bord de mon vaiffeau, où il étoit perfua-

dé

dé qu'il auroit reçû tous les secours & toutes les honnêtetés qui auroient dépendu de moi. Je compris à ce discours qu'il n'avoit pas lieu de se louer de ceux qui s'étoient rendu maîtres de son vaisseau ; j'en restai confus, & je conçus l'indignation la plus grande contre l'officier qui y commandoit : je lui en fis tous les reproches qu'il méritoit ; & j'ajoutai à ces reproches des mortifications très-sensibles. Il m'a été depuis impossible de le regarder de bon œil, quoiqu'il fût mon proche parent. Effectivement quiconque n'est pas capable d'aimer & de respecter la valeur dans son ennemi, ne peut pas avoir le cœur bien fait : un des plus sensibles chagrins que j'aye eu de ma vie, a été de n'avoir pû témoigner, comme je l'avois desiré, à ce valeureux baron de Wassenaer toute l'estime & toute la vénération que j'ai pour sa vertu.

Sur le compte que M. le comte de Pontchartrain, qui exerçoit en survivance de M. son pere la charge de Secretaire d'état de la Marine, rendit de cette action au feu Roi, il eut la bonté de me prendre à son service en qualité de capitaine de frégatte légere : sensible à cette grace, autant que le peut être un sujet plein de zéle & d'admiration

pour

pour son prince, je n'attendis pas le désarmement
de mes vaisseaux délabrés, pour aller en remercier
Sa Majesté; je lui fus présenté dans son cabinet par
M. le comte de Pontchartrain, & j'y reçus des marques de sa bonté & de sa satisfaction, qui touche-
rent mon cœur, d'autant plus vivement, qu'une
forte inclination m'attachoit à ce grand Roi. M. de
Wassenaer eut aussi l'honneur de lui faire la révé-
rence, quand il fut guéri de ses blessures; & sa valeur lui fit recevoir de Sa Majesté des témoignages d'estime & de bienveillance tout-à-fait distin-
gués. Il est vrai que personne ne connoissoit si bien
quel est le prix de la vertu, & ne savoit mieux
aussi la récompenser. L'aversion, que j'ai toujours
eue pour le personnage de courtisan, ne m'empêchoit pas de lui faire assiduement ma cour, & de
lui marquer mon attachement fidéle & désintéressé,
dont la connoissance n'échapa pas à sa pénétration :
cependant comme ce n'étoit pas par cet endroit
que je desirois le plus de me rendre digne de ses
bontés, je sollicitai & j'obtins de Sa Majesté ses
vaisseaux le *Solide*, & l'*Oiseau*, pour aller faire la
guerre à ses ennemis.

Avant que de me rendre à Brest pour les armer,

1697.

H je

je paſſai à Saint-Malo ; & j'engageai deux de mes amis à me venir joindre, avec deux autres vaiſſeaux de trente-ſix canons chacun. Ils les conduiſirent à Breſt, & nous étions ſur le point d'en ſortir pour aller enſemble croiſer, quand le Roi jugea à propos de donner la paix à l'Europe. La publication qui en fut faite, m'obligea de faire rentrer mes vaiſſeaux dans le port, & d'y déſarmer.

Pendant les quatre années que dura cette paix, je paſſois les hivers à Breſt, qui étoit mon département ; & les étés à Saint-Malo, où depuis le bombardement de cette ville par les Anglois, le Roi envoyoit tous les ans au printemps un corps d'officiers & de ſoldats de la Marine. Je m'occupois pendant ce temps-là à me perfectionner dans les ſciences & dans les exercices qui avoient rapport à mon état.

Sur la fin de ces quatre années de paix, je fus nommé capitaine en ſecond, ſur le vaiſſeau du Roi la *Dauphine*, commandé par M. le comte de Hautefort, aujourd'hui Lieutenant général des armées navalles de Sa Majeſté. Mais la guerre s'étant déclarée, on me fit débarquer pour armer en courſe les frégates du Roi la *Bellonne* de trente-huit canons,

nons, & la *Railleuse* de vingt-quatre. Comme il n'y avoit point d'autres vaiffeaux à Breft propres à croifer, je fus obligé de me borner à ces deux-là; & j'en engageai deux autres de quarante canons à venir me joindre de Saint-Malo à Breft.

L'un d'eux, commandé par M. Porée, qui s'étoit acquis la réputation d'un très-brave homme & très-entendu, par plufieurs actions diftinguées, fe rendit le premier à Breft, & l'autre tardant trop à arriver, nous mîmes enfemble à la voile, & fûmes croifer fur les Orcades. Nous y prîmes trois vaif-feaux hollandois, venant de Spitzberg; mais une tempête qui nous fépara, fit perir deux de ces prifes, fur les côtes d'Ecoffe; l'orage ayant ceffé, & cherchant à rejoindre mes camarades, je découvris au lieu d'eux un vaiffeau de guerre hollandois de trente-huit canons, qui croifoit pour couvrir les pêcheurs de harengs; j'arrivai fur lui, & ayant arboré mon pavillon, je fis prolonger ma civadiere afin de l'aborder plus aifément. Ce vaiffeau fe fentant auffi fort que moi, bien loin de plier, cargua fes deux baffes voiles, & mit en panne avec fon grand hunier fur le mât, & le vent dans fon petit; j'étois prêt de le ranger fous le vent, & déja

H 2

mon

mon beaupré étoit par le travers de fa pouppe , quand il mit tout d'un coup fon grand hunier en ralingue, appareilla fa mifaine, & traverfant fes voiles d'avant, il arriva fi promptement , que je ne pus l'empêcher de mettre mon beaupré dans fes grands haubans. Cette fituation défavantageufe me fit effuyer le feu de toute fon artillerie, fans pouvoir lui rifpofter , que de deux canons de l'avant. J'étois perdu, fi je n'avois à l'inftant même pris le parti de faire fauter tout mon équipage à fon bord : le plus jeune de mes freres, qui étoit mon premier lieutenant, s'y lança le premier, tua un des officiers à ma vûe, & fe diftingua par des actions au-deffus de fon âge. Cet exemple d'intrépidité anima fi puiffamment le refte de mes gens , qu'il ne refta dans mon vaiffeau qu'un feul pilote avec quelques timonniers, & les mouffes. Le capitaine Hollandois fut tué avec tous fes officiers, & fon vaiffeau fut enlevé en moins d'une demie-heure. J'avois déja reçu deux coups de canon à eau, qui pénétroient dans ma foffe aux lions, quatre autres dans mes mâts de beaupré & de mifaine, & trois dans mon grand mât, de maniere que toute fon artillerie m'enfilant de l'avant à l'arriere, c'étoit une néceffi-

té

té de vaincre brufquement , ou de perir fans reffource.

Nos deux vaiffeaux fe trouverenr fi maltraités
de cet abordage , que je fus obligé , pour les rétablir, d'aller dans un port de l'ifle d'Ifland ; nous y
effuïâmes un coup de vent très-violent, qui m'ayant
mis dans un danger évident de perir à l'ancre, me
força de remettre à la voile, & d'y laiffer ma prife:
elle en fortit peu de temps après , & fit naufrage
fur les côtes d'Ecoffe. Je pris encore un autre vaiffeau hollandois, qui coula bas, & dont je ne pus
fauver qu'une partie de l'équipage , avec bien de la
peine & du péril.

Rebuté de ces tempêtes continuelles, & ne trouvant point mes camarades , je fis route pour aller
terminer ma croifiere à l'entrée de la Manche. La
tempête opiniâtre m'y accompagna , & me démâta pendant la nuit de mon beaupré, de mon mât
de mifaine , & de mon grand mât de hune. Cet accident me fit encore envifager la mort d'affez près.
La providence feule me conferva , & me donna la
force d'arriver dans le port de Breft , où je défarmai.

Mes deux camarades ne furent pas plus heureux;
M.

1702.

M. Porée ayant de fon côté rencontré un vaiſſeau de guerre hollandois, il l'attaqua avec ſa bravoure ordinaire ; & s'étant mis en devoir de l'aborder, il eut le bras emporté d'un boulet de canon, & reçut un moment après une autre bleſſure très-dangereuſe au bas-ventre, dont il n'échappa que par une eſpece de miracle.

La *Railleuſe*, qui étoit montée par un de mes parens, fut contrainte de faire vent arriere, au gré de l'orage, qui la pouſſa vers Lisbonne : elle y relâcha, & de-là ſe rendit à Breſt, ſans avoir pû faire aucune priſe.

L'année ſuivante, le Roi m'accorda ſes vaiſſeaux l'*Eclatant* de ſoixante-ſix canons, le *Furieux* de ſoixante-deux, & le *Bienvenu* de trente. Je montai le premier, ſur lequel je ne mis que cinquante-huit canons, & ſur le *Furieux* que cinquante-ſix, afin de les rendre plus légers. M. Deſmarais-Herpin, lieutenant de port, monta ce dernier vaiſſeau ; & le *Bienvenu* fut commandé par M. Deſmarques lieutenant de vaiſſeaux du Roi. Je fis joindre à ces trois vaiſſeaux deux frégates de Saint-Malo de trente canons chacune, dans le deſſein d'aller tous cinq détruire la pêche des Hollandois ſur les côtes de Spitzberg.　　　　　　　　　　　　　　　Ces

Ces deux frégates m'ayant joint à Breſt, je mis
à la voile, & fûs d'abord croiſer ſur les Orcades,
ſur l'avis que l'on m'avoit donné que quinze vaiſſeaux hollandois, revenant des Indes orientales,
devoient y paſſer. Y étant arrivé, je découvris effectivement quinze vaiſſeaux, que je ne pus bien
diſtinguer à cauſe de la brume, qui étoit aſſez épaiſ-
ſe : l'attente où j'étois de pareil nombre de vaiſſeaux
des grandes Indes, me fit croire que c'étoient eux.
Dans cet eſpoir, je m'avançai pour les reconnoître
de plus près; mais le brouillard ſe diſſipant, nous connûmes que c'étoit une eſcadre de gros vaiſſeaux de
guerre hollandois, qui croiſoient au-devant de ceux
que nous cherchions. Nous ne balançâmes point à
mettre toutes nos voiles au vent, afin de les éviter.
Cependant il ſe trouva parmi eux cinq à ſix vaiſſeaux nouvellement carénés, qui alloient ſi bien
contre l'ordinaire des Hollandois, qu'ils joignoient
à vûe d'œil le *Furieux*, & le *Bienvenu*. Ce dernier
vaiſſeau, ſur-tout, étoit prêt de tomber entre leurs
mains : je ne pus me réſoudre à les voir prendre ſans
coup férir; & comme l'*Eclatant*, que je montois,
étoit le meilleur de ma petite eſcadre, je fis carguer mes baſſes voiles, & demeurai de l'arriere

d'eux,

d’eux, afin de les couvrir, faifant en cette occafion l’office du bon pafteur, qui s’expofe à perir pour fauver fon troupeau. Dieu bénit mes foins, & permit que le vaiffeau de foixante canons, qui vint me combattre à portée du piftolet, fut, en trois ou quatre bordées de canon & de moufqueterie données à bout touchant, démâté de tous fes mâts, & refta ras comme un ponton. Les quatre vaiffeaux les plus près de lui, qui pourfuivoient le *Furieux* & le *Bienvenu*, fe lancerent auffi-tôt fur moi, pour fecourir leur camarade : je les attendis fans me preffer, les faluant l’un après l’autre de quelques volées de canon, dans le deffein de les attirer davantage. En effet, ils s’amuferent alternativement à me canonner affez long-temps, pour donner lieu aux vaiffeaux de mon efcadre de les éloigner, & même de les perdre de vûe, à la faveur d’un brouillard qui s’éleva. Les ennemis s’opiniâtrerent à me fuivre, & à me combattre, tant que je fus fous leur canon ; mais je n’eus pas plûtôt vû mes vaiffeaux hors de péril, que je fis de la voile, & me mis hors de leur portée en affez peu de temps. Je revins enfuite du côté où j’avois remarqué que mes camarades avoient fait route, & je fus affez heureux pour les rejoindre avant la nuit.   M.

M. le chevalier de Courserac, lieutenant de vaisseau, qui étoit mon capitaine en second, me se-
conda de la tête & de la main dans cette occasion
délicate, avec beaucoup de valeur & de sang froid.
Nous n'eûmes qu'environ trente hommes hors de
combat; c'est cependant de toutes les affaires où
je me suis trouvé, celle dont je suis resté intérieurement le plus flatté, parce qu'elle ma paru la plus
propre à m'attirer l'estime des cœurs vraiment généreux.

La rencontre de cette escadre ennemie m'empêcha de croiser plus long-temps sur ces parages, &
me fit aller droit aux côtes de Spitzberg. Nous y
prîmes, rançonnâmes, ou brûlâmes plus de quarante vaisseaux baleiniers. La brume nous en fit
manquer un très-grand nombre d'autres : j'eus avis
qu'il y en avoit deux cens dans le port de Grouen-
have, je m'y présentai, & déja j'étois engagé entre
les pointes qui forment cette baye, quand il s'é-
leva un brouillard si épais, & un calme si grand,
que nos vaisseaux ne gouvernant plus, furent jettés par les courans jusques dans le nord de l'isle de
Vorland, par les quatre-vingt-un degrés de latitude
nord, & si près d'un banc de glaces, qui s'éten-

1703.

I   doit

doit à perte de vûe, que nous eûmes bien de la peine à empêcher nos vaisseaux de donner dedans; à la fin il vint un peu de vent qui nous mit au large, & en état de retourner au port de Grouehave : nous n'y trouvâmes plus les deux cens vaisseaux hollandois; & nous apprîmes que pendant ce calme, qui nous avoit poussés vers le nord, ils s'étoient fait remorquer par un grand nombre de bateaux, dont ils sont pourvûs pour la pêche de la baleine, & qu'ils avoient fait route sous l'escorte de deux vaisseaux de guerre.

Les brumes sont si fréquentes dans ces parages, qu'elles nous firent tomber dans une erreur fort singuliere, & qui m'a paru mériter d'être rapportée. On se sert dans les vaisseaux, d'horloges de sable, qui durent une demie-heure; & les timonniers ont soin de les retourner huit fois, pour marquer le quart, qui est de quatre heures, au bout duquel la moitié de l'équipage releve celle qui est sur le pont. Or il est assez ordinaire que les timonniers voulant chacun abréger leur quart, sur-tout dans une contrée où le froid est si rigoureux, tournent cette horloge avant qu'elle soit entierement écoulée. Ils appellent cela manger du sable; l'erreur qui résulte

de

de ce petit tour d'adreſſe, ne ſe peut corriger qu'en
prenant la hauteur au ſoleil ; & comme la brume
nous le fit perdre de vûe pendant neuf jours entiers , & que d'ailleurs dans la ſaiſon , & par la latitude où nous étions , il ne fait que tourner autour de l'horiſon , de maniere que les jours & les
nuits ſont également éclairés , il arriva que les timonniers, à force de manger du ſable , étoient par-
venus au bout de ces neuf jours , à faire du jour la
nuit , & de la nuit le jour; de ſorte que tous les vaiſſeaux de l'eſcadre , ſans exception , trouverent au
moins onze heures d'erreur , quand le ſoleil vint à
reparoître. Cela avoit tellement dérangé les heures
du repas, & celles du ſommeil , qu'en général nous
avions envie de dormir , quand il étoit queſtion de
manger, & de manger quand il falloit dormir. Nous
n'y fîmes attention , & nous ne fûmes déſabuſés que
par le retour du ſoleil.

Au bout de deux mois de croiſiere ſur ces parages , la ſaiſon nous obligea de faire route avec
nos priſes, pour retourner en France. Nous eſſuyâmes, dans cette longue traverſée, des coups de vent
fort vifs & fort fréquens , qui ſéparerent une partie de nos priſes : quelques-unes firent naufrage ,

1703.

I 2   quelques-

quelques-autres furent reprifes par les ennemis ; &
nous n'en conduisîmes que quinze dans la riviere de
Nantes , avec un vaiffeau anglois chargé de fucre ,
que nous avions pris chemin faifant ; après quoi
nous retournâmes à Breft , pour y défarmer.

A mon retour dans ce port , j'obtins du Roi la
permiffion d'y faire conftruire deux vaiffeaux de
cinquante-quatre canons chacun , dont l'un fut
nommé le *Jafon* , & l'autre l'*Augufte* , & une corvette de huit canons , appellée la *Mouche* , pour
fervir de découverte ; je montai le *Jafon* , M. Des_
marques l'*Augufte* , & M. du Bourgneuf-gravé la
Mouche.

Ces vaiffeaux étant prêts , je mis à la voile , &
j'établis ma croifiere fur les Sorlingues , ifles fort
fréquentées par des vaiffeaux de guerre, parce qu'elles fervent d'atterage aux vaiffeaux marchands , &
aux flottes. J'y trouvai d'abord un garde-côte anglois de foixante-douze canons , nommé la *Revanche* , qui vint me reconnoître à portée du canon ;
j'étois éloigné de trois lieues de mes camarades ,
mais cela ne m'empêcha pas de m'avancer avec
ma civadiere prolongée , dans l'intention de l'aborder. Surpris de cette manœuvre , il prit chaffe vers

les

les Sorlingues, & je ne pûs le joindre plus près que la portée du fufil. Nous étions même fi égaux de voiles, que fans perdre ni gagner un pouce de ter- rein, nous combattîmes pendant trois heures, & perdîmes de vûe l'*Augufte*, & la *Mouche*. Cependant je m'opiniâtrai à le pourfuivre, & je combattis fi vivement, que pour éviter l'abordage, où je m'efforçois de l'engager, il fe réfugia dans le port des Sorlingues, ce qui m'obligea de revirer de bord, pour rejoindre mes camarades.

1704.

Peu de jours après, la *Mouche* s'étant féparée de nous pendant la nuit, fut rencontrée par ce même vaiffeau la *Revanche*, qui la joignit, & s'en empara; il s'étoit fortifié de la compagnie du *Falmouth*, vaiffeau de guerre anglois de cinquante-quatre canons, à deffein de nous chercher, mon camarade & moi, & de nous combattre; du moins s'en vanta-t-il au capitaine de la *Mouche*, lorfqu'il s'en fut rendu maître.

Sur ces entrefaites nous découvrîmes pendant la nuit une flotte de trente voiles, qui fortoit de la Manche : nous la confervâmes jufqu'au jour, qui nous fit voir qu'elle étoit efcortée par un vaiffeau de guerre anglois de cinquante-quatre canons, qui s'appelloit

pelloit le *Coventry*. Je fis fignal à l'*Augufte* de donner au milieu de la flotte, & je m'avançai vers le *Coventry* pour l'aborder ; un peu trop d'ardeur me fit le dépaffer de la portée du piftolet, & manquer ce premier abordage ; je revins auffi-tôt fur lui, & m'en rendis maître en moins de trois quarts d'heure. Douze autres vaiffeaux anglois de cette flotte furent pris ; le refte fe fauva à la faveur de la nuit, qui les déroba à notre pourfuite.

En conduifant toutes mes prifes à Breft, nous vîmes deux gros vaiffeaux, avec une corvette qui arrivoient vent arriere, & qui mirent en travers une lieue au vent de nous. Je reconnus aifément la *Revanche*, & le *Falmouth*, avec ma pauvre *Mouche*. Cet objet mit tout mon fang en mouvement; & quoiqu'affoibli d'équipage, & embarraffé de toutes ces prifes, je mis, fans balancer, toutes mes voiles au vent pour les joindre, & leur livrer combat; alors bien loin de foutenir la gageure, ils prirent honteufement la fuite. Nous les pourfuivîmes jufqu'à la nuit, qui m'obligea de rejoindre mes prifes, pour les mettre en fûreté dans le port de Breft.

Pendant cette relâche, j'obtins du Roi la permiffion

miſſion de faire conſtruire une frégate de vingt-ſix canons, qui fut nommée la *Valeur* ; j'en confiai le commandement à mon jeune frere, dont l'application & la bravoure donnoient de grandes eſpérances ; & en attendant qu'elle fût achevée, je remis en mer avec mes deux vaiſſeaux, & deux frégates de vingt à vingt-ſix canons, qui ſe joignirent à moi ; je fis en leur compagnie trois priſes angloiſes, à la vûe du cap Lezard. J'avois fait mettre ma chaloupe à la mer avec deux officiers, & ſoixante de mes meilleurs matelots, afin de les amariner, quand tout d'un coup il parut à la pointe du jour deux gros vaiſſeaux de guerre, qui arriverent ſur nous avec tant de vîteſſe, que je n'eus pas le loiſir de reprendre une partie de mes gens, ni celui de me préparer au combat, comme je l'aurois voulu. J'en fis cependant le ſignal à mes camarades ; & courant à la rencontre du plus gros vaiſſeau ennemi, nommé le *Rocheſter*, de ſoixante-ſix canons, je me préſentai pour l'aborder ; auſſi-tôt qu'il me vit à portée du piſtolet, prêt à le prolonger, il me lâcha ſa bordée de canons chargés à mitrailles, qui me hacha toutes mes voiles d'avant, leſquelles ſe trouvant dénuées de bras de boulme, & d'eſcoutes,

ſe

1704.

se coefferent sur les mâts, & firent prendre à mon vaisseau vent d'avant, malgré son gouvernail. Dans cette situation, l'ennemi eut le temps de me tirer une seconde bordée, qui m'enfiloit de l'arriere à l'avant, & qui me mit beaucoup de gens hors de combat. Tous mes mâts en furent endommagés, & ma vergue de grand hunier ayant été coupée en deux, tomba par malheur sur ma grande voile, qu'elle perça à droite & à gauche, & qu'elle embarrassa tellement, que je ne pouvois absolument plus manœuvrer.

Dès qu'il me fut possible de mettre le vent dans les voiles de mon vaisseau, tout ce que je pûs faire, fut de donner ma bordée à l'ennemi, & de gouverner ensuite vent arriere, pour travailler à me remettre un peu en état; j'étois obligé, en faisant cette manœuvre, d'aller ranger de fort près le second vaisseau ennemi, nommé le *Moderé*, de cinquante-six canons, contre lequel mon camarade canonnoit de loin. Nous nous tirâmes, en passant, nos deux bordées de canon & de mousqueterie, & je continuai de gouverner, vent arriere, afin de me rejoindre à l'*Auguste*, & de revenir ensemble à la charge, aussi-tôt que j'aurois pû remettre mes

manœuvres

1704.

manœuvres un peu en ordre. Je voudrois pouvoir
diffimuler ici que mon camarade, bien loin de
courir à mon fecours, ou du moins de m'attendre, mit des voiles pour s'éloigner de moi, pendant que les deux vaiffeaux ennemis s'étant mis à
droite & à gauche du mien, me combattoient avec
une extrême vivacité; je faifois auffi feu fur eux
des deux bords; & je ne voulus pas permettre qu'on
mît davantage de voiles, ni même que l'on coupât
le cablot de la chaloupe que j'avois à la remorque. Malgré cet exemple, l'*Augufte* fit encore appareiller fon foch d'avant, qui étoit la feule voile
qui lui reftoit à mettre; & les deux frégates de leur
côté ne firent pas le moindre mouvement pour venir me feconder. Je ne fçai pas en vérité fi le deffein des uns & des autres n'étoit point de me facri-
fier, toutes les apparences y étoient; mais il arriva
que mon vaiffeau, fans avoir de grand hunier, fans
aucunes menues voiles, & traînant une chaloupe,
alloit encore plus vîte que l'*Augufte*, avec toutes
fes voiles. Laffé cependant, & outré de cette indigne manœuvre, après lui avoir fait inutilement fignal de venir me parler, je lui fis tirer un coup de
canon à balle; & ma réfolution étoit prife de faire

* K   ceffer

ceſſer mon feu ſur les Anglois , & de pointer tous mes canons ſur lui , s'il avoit tardé plus long-temps à obéir à mon ſignal. Il cargua enfin ſes voiles , & les ennemis nous voyant joints , arriverent vent arriere , & ceſſerent le combat , après avoir tiré chacun leur bordée à mon camarade ; cette diſtinction marquoit aſſez l'eſtime qu'ils faiſoient de ſa façon d'agir. Je paſſe auſſi légérement qu'il m'eſt poſſible ſur l'ingratitude de cet officier , que j'avois préſervé l'année précédente d'une eſcadre hollandoiſe , en m'expoſant ſeul , comme je l'ai raconté , pour empêcher que le vaiſſeau du Roi le *Bienvenu* , qu'il montoit alors , ne tombât au pouvoir des ennemis. J'éviterois même d'en parler , ſi je n'avois à me juſtifier de n'avoir pas pris ces deux vaiſſeaux anglois , leſquels ne m'auroient certainement pas échappé , ſi j'avois été paſſablement ſecondé. La manœuvre des deux frégates ne fut pas plus eſtimable que celle de l'*Auguſte* ; bien loin de ſe tenir à portée de nous jetter du renfort , ſi nous avions abordé les vaiſſeaux ennemis , comme c'étoit mon intention , elles s'éloignerent avec nos priſes , pour juger des coups en toute ſûreté.

Après cette aventure , je me hâtai de retourner

à

à Brest avec mes trois prises, impatient de faire tomber le commandement de l'*Auguste* à quelqu'autre officier de meilleure volonté ; mais celui-ci trouva tant de protection auprès du commandant du port, que je fus contraint de souffrir qu'il continuât de le monter pendant le reste de la campagne. Cette dure nécessité me piqua si vivement, que j'aurois abandonné le commandement de ces vaisseaux, & même entiérement quitté le service, si l'amour & le respect que j'avois pour la personne du Roi, joints au desir ardent de mériter son estime, n'eussent été plus puissans que mon ressentiment. Ce chagrin fit que je me joignis au vaisseau du Roi le *Prothée*, qui étoit prêt de mettre à la voile, sous le commandement de M. de Roquefeuille, aimant mieux servir sous les ordres d'un si brave homme, que de commander à gens sur lesquels je ne pouvois plus compter. Nous achevâmes la campagne à l'entrée de la Manche, sans faire aucune rencontre digne d'attention ; & je revins désarmer à Brest.

Les vaisseaux du Roi le *Jason* & l'*Auguste*, y furent carénés de frais. Ce dernier fut monté par M. le chevalier de Nesmond, & la frégate la *Va-*

1704.

1705.

* K 2   *leur*,

leur étant achevée, mon jeune frere en prit le commandement. Nous établîmes notre croisiere à l'entrée de la Manche, & sur les côtes d'Angleterre : nous y trouvâmes deux vaisseaux de guerre Anglois, l'*Elisabeth* de soixante-douze canons, & le *Chatam* de cinquante-quatre. Ils arriverent vent arriere sur nous, & nous leur épargnâmes la moitié du chemin : je m'avançai sur l'*Elisabeth*, & me presentai pour l'aborder du côté de babord ; nos bordées de canons & de mousqueterie furent tirées à bout touchant ; & au milieu de la fumée, son petit mât de hune tomba ; le grand feu qui sortoit des deux vaisseaux, m'empêcha de le remarquer, & fit que je ne pus moderer ma course assez à temps pour jetter mes grapins à son bord ; ainsi je le dépassai malgré moi, de la portée du pistolet. Il profita de cette occasion, arriva par ma pouppe, & m'envoya sa bordée de tribord, qu'il n'avoit point encore tirée. J'arrivai comme lui, & lui rispostant de la mienne, je le tins sous le feu continuel de ma mousqueterie, faisant gouverner mon vaisseau, de façon à ne plus manquer un second abordage. Le capitaine de l'*Elisabeth* fit tous ses efforts pour l'éviter ; mais je le serrai de si près, que s'appercevant qu'il

ne

ne pouvoit plus fe difpenfer d'être accroché, &
que fon équipage, faifi d'épouvante de voir tous
mes officiers & tous mes foldats le fabre à la main,
rangés fur le plat-bord, prêts à fe lancer dans fon
vaiffeau, commençoit à abandonner fes poftes; il
fit baiffer fon pavillon, & fe rendit après une heure
& demie de réfiftance.

Dès le commencement de l'action M. le chevalier de Nefmond, & mon frere, s'étoient préfen-
tés avec la même audace, & ils avoient tiré leurs
bordées aux deux vaiffeaux ennemis; comme ils
me virent attaché opiniâtrément à l'*Elifabeth*, ils
tournerent du côté du *Chatam*, pour l'aborder : leurs
efforts furent vains, par l'habileté du capitaine de
ce vaiffeau, qui avoit eû la précaution de fe tenir
affez au vent de fon camarade, pour éviter l'abordage; d'ailleurs fon vaiffeau allant mieux que ceux
des autres, il étoit par conféquent le maître de combattre à telle diftance qu'il vouloit. Quand il vit
l'*Elifabeth* rendu, il mit toutes fes voiles au vent,
pour s'échapper. Attentif à fa manœuvre, je m'apperçûs, étant encore bord à bord de l'*Elifabeth*,
de ce qu'il vouloit faire; & comme mon vaiffeau
alloit infiniment mieux que l'*Augufte*, & la *Valeur*,

je

1705.

je ne balançai point à les charger du foin d'achever d'amariner le vaiffeau pris. Je fis pouffer en même temps au large, & toutes mes voiles furent mifes au vent, pour atteindre ce *Chatam*, que je connoif-fois pour un excellent vaiffeau. Je ne pus jamais l'approcher plus près que la portée du fufil : il fut même affez heureux pour n'être ni démâté ni défem-paré de toutes les bordées que je lui tirai ; je le pourfuivis à coup de canon jufqu'à la vûe des côtes d'Angleterre, & la nuit feule me fit ceffer la chaffe, pour rejoindre l'*Elifabeth*, & mes deux camarades.

Le lendemain il s'éleva une tempête qui nous fé-para tous, & qui mit l'*Elifabeth* en grand danger de perir fur les côtes de Bretagne. Cet orage ap-paifé, je joignis l'*Augufte*, & l'*Elifabeth* ; & nous fîmes route enfemble pour nous rendre dans le port de Breft. Chemin faifant, nous découvrîmes fous le vent, deux corfaires Fleffinguois, l'un de qua-rante canons, & l'autre de trente-fix, qui nous at-tendirent affez témérairement. Je courus fur eux ; & ayant devancé mes camarades, je joignis ces deux vaiffeaux, qui étoient demeurés en panne, à une portée de fufil l'un de l'autre. Je donnai en paf-fant, toute ma bordée de canon & de moufqueterie

terie au plus fort des deux , qui s'appelloit l'*Ama_
zone*. Je comptois qu'il en feroit démâté ou défem-
paré , & que le laiffant à l'*Augufte* , qui s'avançoit à
toutes voiles , je pourrois rejoindre & réduire aifément fon camarade ; mais le premier n'ayant pas
été fort incommodé de ma bordée, ces deux vaiffeaux prirent auffi-tôt chaffe , l'un d'un côté , & l'autre de l'autre , & je me trouvai dans le cas d'opter.
Je revins fur le plus fort , commandé par un déter-
miné corfaire, qui fe défendit comme un lion pendant près de deux heures : il eft vrai que dans le
peu de temps que j'avois couru fur fon camarade ,
il avoit eu l'habileté de gagner une portée de fufil
au vent, & par cette raifon , je ne me trouvois plus
en fituation de l'aborder. Un peu trop de confiance
m'avoit même empêché de prendre les précautions néceffaires pour tenter ou foutenir l'abordage ;
j'eus bientôt lieu de m'en repentir, puifqu'il eut l'audace d'arriver fur moi , au milieu du combat , & de
prolonger fa civadiere, dans l'intention de m'a-
border moi-même, ou de m'obliger à plier. A l'inftant je fis ceffer le feu de mon canon & de ma
moufqueterie , détachant au plus vîte deux de mes
fergens pour aller chercher des haches d'armes, des

fabres ,

fabres, des piftolets, & des grenades ; & tout d'un coup faifant border mon artimon , je pouffai mon gouvernail à venir au vent , afin de feconder le deffein que l'ennemi paroiffoit avoir de me join-dre. Ce mouvement ralentit fon ardeur , & le por-ta à retenir auffi-tôt le vent , enforte qu'il ne fit que toucher mon boffoir en paffant , & pouffa en même-temps au large ; dans cette fituation , je lui lâchai toute ma bordée de moufqueterie & de ca-non, que j'avois fait charger à double charge : cette bordée fut fuivie de trois autres , coup fur coup, qui données à bout touchant, le démâterent de tous fes mâts, & le raferent comme un ponton. Ce brave capitaine ne fe rendit qu'à la derniere extrêmité. Je le remarquai dans le combat , fe portant le fa-bre à la main , la tête levée, de l'arriere à l'avant de fon vaiffeau , & effuyant une grêle de coups de fufils, dont fes habits & fon chapeau furent per-cés en plufieurs endroits : auffi me fis-je un vrai plai-fir de le traiter avec toute la diftinction que méri-toit fa valeur. Je fuis même fâché d'avoir oublié le nom d'un homme fi intrépide ; je n'aurois pas man-qué de le mettre ici.

M. le chevalier de Nefmond, après avoir pourfuivi

fuivi pendant un affez long-temps l'autre corfaire Fleffinguois, fans le pouvoir joindre, revint avec l'*Elifabeth* fe rallier à moi ; & nous arrivâmes tous deux peu de jours après dans la rade de Breft, avec nos deux prifes, l'*Elifabeth*, & l'*Amazone*.

Mon frere s'étant trouvé féparé de nous par la tempête, le lendemain de la prife de l'*Elifabeth*, rencontra un corfaire de Fleffingue, auffi fort d'équipage & de canons que la *Valeur*. Mon frere lui livra combat, & l'ayant démâté d'un mât de hune, il l'aborda, & s'en rendit maître, après une défenfe opiniâtre. Il étoit occupé à faire raccommoder fa prife démâtée, & à fe rétablir du défordre où cet abordage l'avoit mis, quand deux autres corfaires ennemis, de trente-fix canons chacun, attirés par le bruit du canon, fondirent tout-à-coup fur lui, le forcerent d'abandonner fa prife, & le chafferent jufqu'à faint Jean de Luz, où il fe réfugia. Il en fortit peu de temps après, & prit un bon vaiffeau anglois, chargé de fucre & d'indigo ; il fe mettoit en devoir de le conduire dans le port de Breft, où il comptoit me rejoindre, lorfqu'il eut le malheur de trouver en fon chemin un autre corfaire ennemi de quarante-quatre canons, qui l'attaqua,

& qui voulut lui faire abandonner sa prise. Quoique l'équipage de la *Valeur* fût considérablement
diminué par les différens combats que cette frégate
avoit rendus, mon frere soutint l'attaque, essuya
deux abordages consécutifs sans plier, & se com-
porta avec tant de fermeté & de conduite, qu'au
rapport de tout son équipage, il auroit enlevé le
corsaire, si dans le dernier choc il n'eut pas été mortellement blessé d'une balle, qui lui fracassa toute
la hanche. Il reçut ce malheureux coup dans le
temps même que le pont & le gaillard de l'ennemi
étoient abandonnés, & qu'une partie des plus dé-
terminés soldats de la *Valeur* pénétroient à son
bord. Ce funeste accident les obligea de se rembarquer précipitamment, & de pousser la frégate du Roi
au large du vaisseau ennemi, qui n'eut jamais le
courage de profiter de la consternation que ce malheur avoit causée ; ensorte que mon pauvre frere,
après avoir mis sa prise en sûreté, arriva mourant
à Brest. Je courus à son vaisseau avec autant d'inquiétude que d'empressement : je le fis mettre sur
des matelats dans ma chaloupe, & je le transpor-
tai moi-même à terre, où je lui procurai tous les
secours possibles. Mes soins & ma tendresse ne purent

rent le fauver. Il expira peu de jours après, avec une fermeté & une réfignation exemplaires.

C'eft ainfi que la mort m'enleva en peu de temps deux freres, l'un après l'autre : le caractere que je leur avois connu, dans un âge fi tendre, promet-toit infiniment ; & leur valeur m'auroit été d'une grande reffource dans toutes mes expéditions. Je les aimois tendrement ; & je demeurai d'autant plus accablé de la mort de ce dernier, qu'elle réveilla dans mon cœur l'idée touchante du premier, qui avoit fini entre mes bras. Ce trifte fouvenir, mal-gré le temps & la raifon, me pénétre encore d'une douleur très-amere & très-vive.

Dans ce même temps il y avoit dix-fept vaiffeaux de guerre dans la rade de Breft, fous le comman-dement de M. le marquis de Coëtlogon, lieute-nant général des armées navales ; & fur l'avis que l'on avoit eu que les Anglois avoient formé de tous leurs gardes-côtes raffemblés une efcadre de vingt-un vaiffeaux de guerre, qui barroient l'entrée de la Manche, ce général, plein de valeur & de zéle pour le fervice du Roi, & pour la gloire de la nation, brûloit d'envie de mettre à la voile, & de les aller combattre. Cette occafion d'honneur fuf-

 pendit

pendit mon affliction, & me fit preffer la caréne de mes deux vaiffeaux. L'activité avec laquelle j'y fis travailler, me mit bientôt en état d'aller offrir mes fervices à M. de Coëtlogon : je lui dis que je me faifois un devoir & un plaifir bien fenfible de pouvoir fervir fous fes ordres, dans une occafion où j'efpérois me rendre digne de fon eftime, & que je l'attendrois auffi long-temps qu'il le jugeroit à propos. Ces offres furent reçûes avec de grandes marques de reconnoiffance ; mais cette bonne volonté demeura fans effet, par un confeil de guerre que tint là-deffus M. le comte de Châteaurenaud, qui commandoit à Breft, dans lequel il fut jugé que les ennemis étoient trop fupérieurs, de maniere qu'on arrêta que la plus grande partie des vaiffeaux qui compofoient cette efcadre, rentreroient dans le port. Cette réfolution me fut annoncée par M. le marquis de Coëtlogon, qui m'en parut mortifié ; & je le fus auffi extrêmement, par l'intérêt que je prenois à la gloire des armes du Roi, qui auroient certainement triomphé. J'en puis parler favamment, puifque je tombai peu de jours après, comme je le dirai bientôt, au milieu de ces vingt-un vaiffeaux anglois. Ils étoient, il eft vrai, fupérieurs en nombre

bre à ceux que commandoit M. de Coëtlogon,
mais ils étoient moins forts. J'ai remarqué que le
fort de presque tous les conseils qui ont été tenus
dans la marine, a été de choisir le parti le moins
honorable & le moins avantageux ; ainsi je mour-
rai persuadé que dans les occasions où le péril est
grand, & le succès incertain, c'est au commandant
à décider, sans assembler de conseil, & à prendre
sur lui le risque des bons ou des mauvais événemens ; autrement la nature, qui abhorre sa destruction, suggere imperceptiblement à la plûpart des
conseillers, tant de raisons plausibles sur les inconvéniens à craindre, que le résultat est toujours de
ne point combattre, parce que la pluralité des voix
l'emporte.

Quoi qu'il en soit, M. le marquis de Coëtlogon
n'étant pas le maître de suivre les mouvemens de
son courage, me pria de ne plus differer mon départ ; ainsi je mis à la voile avec nos deux seuls
vaisseaux. Deux jours après, étant à l'entrée de la
Manche, pendant la nuit, un vaisseau vint à passer
entre nous deux ; nous revirâmes sur lui, & le con-
servâmes. A la pointe du jour, je me trouvai à portée du fusil, un peu au vent, & de l'arriere de lui.

*   Mon

Mon camarade se trouva sous le vent, à peu près à même distance ; je ne tardai pas long-temps à reconnoître le *Chatam*, ce vaisseau qui m'avoit échappé lorsque l'*Elisabeth* fut pris. Le capitaine du *Chatam* reconnut aussi mon vaisseau, & cette connoissance le détermina à revirer tout d'un coup vent arriere. Nous en fîmes autant, & le tenant entre nous deux, cette situation pressante l'obligea de commencer le combat avec l'*Auguste*, qui de son côté se mit à le canonner vivement. La crainte que j'avois que ce vaisseau ne m'échappât une seconde fois, me rendit très-attentif sur tout ce qui pouvoit assurer le succès de mon abordage. J'avois ordonné à tous mes gens de se coucher sur le pont sans branler, mon dessein étant de l'aborder sans tirer un seul coup ; & j'étois sur le point de le prolonger, quand la sentinelle cria du haut des mâts, qu'elle découvroit plusieurs vaisseaux venant à toutes voiles sur nous ; je me fis apporter mes lunettes d'approche, & reconnoissant que c'étoit l'escadre angloise en question, je revirai de bord sans balancer, & fis signal à mon camarade d'en faire autant. Il tarda un peu, à cause de la fumée qui l'empêchoit de distinguer mon signal ; aussi-tôt qu'il

s'en

s'en apperçut , il revira de bord , & laiſſa le *Cha-*
tam incommodé au point d'être obligé de mettre à
la bande , dès qu'il nous vit éloignés de la portée
du canon. Nous prîmes chaſſe , & mîmes toutes nos
voiles au vent ; mais cette eſcadre , compoſée des
meilleurs vaiſſeaux d'Angleterre , frais carénés , joignoit à vûe d'œil l'*Auguſte* , que je ne voulois pas
abandonner. L'affaire me paroiſſant des plus ſérieu-
ſes , je conſeillai à M. le chevalier de Neſmond de
jetter à la mer ſes ancres , ſa chaloupe , ſes mâts ,
& ſes vergues de rechange , en un mot , de ne rien
ménager pour ſauver le vaiſſeau du Roi de ce danger preſſant.

Ces précautions furent vaines ; les ennemis qui
portoient le premier vent avec eux , nous joignirent vers les cinq heures du ſoir , à portée du canon. Je refléchis, mais un peu tard , que mon ſecours étoit fort inutile contre un ſi grand nombre de
vaiſſeaux de guerre, qui tous alloient mieux que l'*Au-*
guſte,& qu'il y avoit de la témérité à haſarder de perdre deux vaiſſeaux au lieu d'un. Dans cette vûe , je
fis ſignal à M. le chevalier de Neſmond de tenir un
peu plus le vent , ayant remarqué que c'étoit la ſituation où il alloit le moins mal ; de mon côté
je

1705.

 je pris le parti d'arriver un peu davantage : mon idée en cela , étoit que l'efcadre ennemie ne voudroit pas fe féparer , par la crainte qu'elle auroit de celle de M. le marquis de Coëtlogon , qui la trouvant difperfée , auroit pû lui faire un mauvais parti. Toutes ces réflexions me faifoient efpérer qu'un de nous deux, au moins, fe fauveroit. Je me flattois même que s'ils s'attachoient au *Jafon* feul, qui étoit un excellent vaiffeau , nous pourrions fort bien leur échapper tous deux. Ce raifonnement fut déconcerté par leur manœuvre ; fix d'entr'eux fe détacherent fur l'*Augufte* , & les quinze autres me pourfuivirent. L'un d'eux, nommé le *Honfter* de foixante-quatre canons , me joignit avec une vîteffe extrême. A peine eus-je le temps de me difpofer au combat , & de ranger chacun à fon pofte , que ce vaiffeau fut à portée du piftolet fur moi. La précipitation avec laquelle mes gens fe préparerent , fit que les canoniers de la premiere batterie , jetterent à la mer une partie des avirons de mon vaiffeau, n'ayant pas le temps de les ratacher aux bancs du fecond pont. J'eus la curiofité , avant que de commencer le combat , de favoir le nom d'un vaiffeau, fi furprenant par fa légéreté ; & je lui fis demander

mander par un interprête. Cette interrogation dé-
plût au capitaine, qui, pour réponfe, m'envoya
toute fa bordée de canon & de moufqueterie, tirée à bout touchant. Tous ces coups donnerent dans
le corps de mon vaiffeau; & la mer étant fort unie,
j'aurois eû beaucoup de monde hors de combat,
fans cette précaution que j'avois eue d'ordonner à
tous mes gens, & même aux officiers, de fe coucher le ventre fur le pont, & de ne fe relever qu'au
fignal que je leur en ferois moi-même, avec ordre
de pouffer, en fe relevant, un cri de vive le Roi,
& de pointer tous les canons les uns après les autres,
fans fe preffer. Cet ordre fut exécuté très-réguliere-
ment, & réuffit à fouhait. Je n'eus que deux hommes tués, & trois de bleffés; & de ma feule dé-
charge de canon & de moufqueterie je mis près
de cent hommes fur le carreau dans le *Honfter.* Le
défordre y fut fi grand, que je n'aurois pas manqué de l'enlever d'emblée, s'il n'avoit pas arrivé tout-
à-coup vent arriere, & s'il n'eut pas été foutenu de
près par plufieurs gros vaiffeaux, lefquels me feroient tombés fur le corps, avant que j'euffe pû dé-
barraffer le mien d'un pareil abordage. Cependant
il fut près de trois quarts d'heure fans revenir à la

M

charge;

1705.

charge ; & alors il se mit à me canonner dans la hanche , sans oser m'approcher de plus près que la portée du fusil. Sur ces entrefaites le vent cessa ; & les ennemis , après m'avoir harcelé jusqu'à minuit , m'entourerent de toutes parts , & me laisserent en repos. Ils étoient bien persuadés que je ne leur échapperois pas, & qu'à la pointe du jour ils se rendroient maîtres de mon vaisseau , avec moins de risque & beaucoup plus de facilité ; j'en étois moi-même si bien convaincu , que j'assemblai tous mes officiers pour leur déclarer , que ne voyant aucune apparence de sauver le vaisseau du Roi , il falloit au moins soutenir la gloire de ses armes jusqu'à la derniere extrêmité ; & que la meilleure forme , à mon sens d'y procéder , étoit d'essuyer , sans tirer , le feu des vaisseaux qui nous environnoient, & d'aller tête baissée aborder , debout au corps , le commandant ; que pour plus grande sûreté , je me tiendrois moi-même au gouvernail du vaisseau , jusqu'à ce qu'il fût accroché au bord de l'ennemi, lequel ne s'attendant point à un pareil abordage , & n'ayant pas par conséquent le temps de faire les dispositions nécessaires pour le soutenir, nous donneroit peut-être occasion de faire une action bril-

lante

Monsieur Du Guay Commandant le Vaisseau Le Jason environné pendant le calme par l'Escadre Angloise.

La Fleur de Lys marque le Vaisseau le Jason Tous les autres sont Anglois.

lante avant que de fuccomber fous le nombre ; qu'à
toute aventure , & de quelque maniere que la chofe tournât , il étoit au moins bien certain que le
pavillon du Roi ne feroit jamais baiffé , tant que
je vivrois , par d'autres mains , que par celles de fes
ennemis.

M. de la Jaille , & M. de Bourgneuf-gravé , mes
deux principaux officiers , parurent charmés de ma
réfolution , & tous unanimement affûrerent qu'ils
periroient eux-mêmes , plûtôt que de m'abandonner. Quand j'eus donné mes ordres pour rendre cette fcene plus vive & plus éclatante , je me fentis
plus tranquille , & voulus prendre fur mon lit une
heure de repos ; mais il me fut impoffible de fer-
mer l'œil , & je revins fur mon gaillard , où j'étois
triftement occupé à regarder les uns après les autres tous les vaiffeaux dont j'étois entouré , entr'autres celui du commandant , qui étoit remarquable
par fes trois feux à pouppe , & par un quatriéme
dans fa grande hune. Au milieu de cette morne
occupation , je crus m'appercevoir demie - heure
avant le jour , qu'il fe formoit une noirceur à l'ho-
rifon par le travers de notre boffoir , & que cette
noirceur augmentoit peu à peu. Je jugeai que le

1705.

M 2   vent

 vent alloit venir de ce côté-là ; & comme j'avois
mes baffes voiles carguées, & mes deux huniers
tout bas , à caufe du calme, je les fis rappareiller
fans bruit, & orienter en même temps toutes les
autres, pour recevoir la fraîcheur qui s'avançoit :
j'employai auffi ce qui me reftoit d'avirons à gouverner mon vaiffeau , afin qu'il prêtât le côté au
vent lorfqu'il viendroit. Il vint en effet ; & trouvant
mes voiles bien braffeyées, & difpofées à le recevoir, il le fit tout d'un coup aller de l'avant. Les
ennemis qui dormoient en toute confiance , n'a-
voient point fongé à fe mettre dans le même état.
Dans leur furprife ils prirent tous vent d'avant ,
& perdirent un temps confidérable à mettre toutes leurs voiles , & à revirer vent arriere pour me
rejoindre. Toute cette manœuvre me fit gagner fur
eux une bonne portée de canon d'avance ; & alors
le vent augmentant infenfiblement, mon vaiffeau,
qui alloit très-bien quand il ventoit un peu frais ,
avança de maniere que l'efcadre ennemie n'eut plus
à beaucoup près fur moi le même avantage qu'elle
avoit eû. Le feul *Honfter* me joignit encore à portée du fufil , & fe remit à me canonner dans la
hanche ; mais je lui rifpoftois fi vivement, que chaque

que bordée l'obligeoit à culer, & le rebutoit. Cette chaffe dura jufqu'à midi ; & comme le vent augmentoit toujours, je m'éloignai de plus en plus de tous les vaiffeaux de cette efcadre ; le *Honfler* même commença à refter auffi de l'arriere de nous. Ce fut pour lors que je me regardai comme un homme vraiment reffufcité, ayant cru fermement que j'allois m'enfevelir fous les ruines du pauvre *Jafon*. Je me profternai pour en rendre graces à Dieu, & je continuai ma route, pour aller relâcher au plûtôt dans le premier port de France ; car j'avois été obligé, pour fauver le vaiffeau du Roi, de jetter à la mer, non feulement toutes mes ancres, à l'exception d'une, mais auffi tous les mâts, & toutes les vergues de rechange.

Je trouvai le lendemain à la pointe du jour un corfaire de Fleffingue de vingt canons, nommé le *Paon*. L'état où j'étois, ne m'empêcha pas de le pourfuivre jufqu'à la vûe de Belle-Ifle ; & m'en étant rendu maître, je le conduifis au port Louis. J'y trouvai trois vaiffeaux du Roi mouillés fous l'ifle de Grois ; c'étoit l'*Elifabeth* que j'avois pris fur les Anglois la campagne précédente, avec l'*Achille*, & le *Fidele*, tous trois fous le commandement de M. de

*

Riberette,

Riberette, qui n'attendoit qu'un vent favorable pour retourner à Breſt. Je pris au port Louis une ſeconde ancre, & un mât de hune de rechange; & comme j'avois donné un rendez-vous à M. le chevalier de Neſmond, en cas que nous puſſions échapper de l'eſcadre ennemie, je crus devoir m'y rendre, & ne pas laiſſer un vaiſſeau du Roi plus long-temps expoſé à tomber au pouvoir des Anglois, d'autant plus que je ſavois qu'il n'alloit pas bien, & d'ailleurs que leurs vaiſſeaux gardes-côtes s'étoient mis ſur le pied de croiſer, au moins deux ou trois enſemble. Quelques envieux voulurent donner à cette réſolution un air de témérité, & me blâmerent hautement d'avoir remis en mer avec un vaiſſeau auſſi délabré que l'étoit le *Jaſon*. Il eſt vrai qu'il étoit fort maltraité dans ſes œuvres mortes, & que ſa pouppe étoit criblée; mais d'ailleurs il ne faiſoit point d'eau, & ſes mâts étoient en aſſez bon état : ainſi ce délabrement de pouppe ne pouvoit que me cauſer perſonnellement un peu d'in-commodité, choſe que je ſacrifiois volontiers à mon devoir.

Je mis donc à la voile avec les trois vaiſſeaux du Roi qui s'en alloient à Breſt; & les ayant quittés ſur

Pennemarch,

Pennemarch, je fus droit à mon rendez-vous, &
j'y croifai pendant quinze jours, fans découvrir
l'*Augufte*. J'en tirai un finiftre augure ; à fon défaut,
je trouvai le Fleffinguois l'*Amazone*, que j'avois pris
la campagne précédente, & qu'un de mes amis
avoit armé pour me venir joindre. Nous prîmes enfemble deux affez bons vaiffeaux hollandois, venant de Curaçao, chargés de cacao & de quelque
argent : il en conduifit un à Saint-Malo, & je me
rendis avec l'autre dans le port de Breft. J'appris,
en y arrivant, la prife de l'*Augufte*, dont voici les
principales circonftances.

Ce vaiffeau, après avoir exécuté le fignal que je
lui avois fait de tenir plus de vent, avoit été pourfuivi par fix vaiffeaux détachés de l'efcadre angloife.
L'un d'eux le joignit, & lui livra combat, à peu
près dans le temps que je fus attaqué par le *Honfter*.
M. le chevalier de Nefmond fe défendit fort vi-
goureufement ; & le vent ayant ceffé, il fe fervit
de fes avirons qu'il avoit confervés, car nous en
avions chacun trente, pour s'éloigner des ennemis.
Il fut en cela favorifé du calme, qui dura toute la
nuit ; & à la pointe du jour, il fe trouvoit déja éloigné de cinq lieues des vaiffeaux qui le pourfuivoient ;

voient; mais le vent s'étant levé, ils le rejoignirent vers les cinq heures du foir, le combattirent l'un après l'autre, le démâterent, & enfin s'en rendirent maîtres le fecond jour.

La frégate la *Valeur*, fur laquelle mon frere avoit été tué, eut la même deftinée. Elle étoit fortie de Breft peu de jours après nous, fous le commandement de M. de Saint-Auban, auquel j'avois donné ordre de me venir joindre fur les Parages que je lui avois marqués; mais il eut le malheur de trouver en fon chemin le *Honfter*, qui l'atteignit, le défempara, & l'obligea de céder à la force fupérieure.

Par la prife de ces deux vaiffeaux, il ne me reftoit que le *Jafon*. Tous les autres du port de Breft étoient employés pour le fervice du Roi, ainfi je remis en mer avec ce feul vaiffeau, & fus croifer fur les côtes d'Efpagne, dans le deffein de joindre l'armée navalle du Roi commandée par M. le comte de Toulouze amiral de France. Je n'eus pas le bonheur de la découvrir. Je pris en chemin un vaiffeau anglois, à l'entrée de la riviere de Lisbonne; de-là m'étant pofté à l'ouverture du détroit de Gibraltar, j'y trouvai deux frégates angloifes venant

du

du Levant, l'une de trente canons en guerre, & l'autre de vingt-six en marchandises. Elles résiste-rent trois quarts d'heure, & ne baisserent leur pavil-lon que lorsqu'elles me virent sur le point de les abor-der. J'interrogeai les officiers & les équipages de ces deux prises ; & sur l'assurance qu'ils me donnerent tous, qu'ils n'avoient eû aucune connoissance de l'ar-mée navale de France, je jugeai à propos d'aller es-corter mes prises jusqu'à Brest. En faisant cette route, je pris à la hauteur de Lisbonne, un autre vaisseau anglois de cinq cens tonneaux, chargé de poudre pour l'armée ennemie. Je fis encore une cinquiéme prise de la même nation, que je trouvai vers le cap de Finistere ; & je conduisis le tout à Brest.

L'année suivante j'armai le *Jason*, & le *Paon*, ce flessinguois de vingt canons que j'avois pris l'année précédente. J'en donnai le commandement à M. de la Jaille, qui avoit servi avec moi de lieutenant & de capitaine en second, toujours avec un zéle très-distingué. L'*Hercule*, vaisseau du Roi de cin-quante-quatre canons, commandé par M. de Druis lieutenant de vaisseau, eut ordre de venir du port Louis se joindre à nous dans la rade de Brest ; & j'y reçûs une lettre de Sa Majesté, qui m'ordon-

1705.

1706.

N   noit

noit d'aller me jetter dans Cadix, qui étoit mena-
cé d'un fiege , & d'y fervir avec ces trois vaiffeaux
& leurs équipages , fous les ordres de M. le marquis de Valdecagnas , capitaine général , & gouverneur de la place. Le Roi avoit eu la bonté de me
faire capitaine de vaiffeau à la derniere promotion ;
& c'étoit pour moi un motif de redoubler de zéle
pour fon fervice.

L'*Hercule* tardant trop à fe rendre à Breft , je mis
à la voile avec le *Paon* pour l'aller chercher au port
Louis. Chemin faifant , je rencontrai un vaiffeau
fleffinguois de trente-fix canons , nommé le *Marl-
boroug* , dont je m'emparai. Je trouvai enfuite l'*Hercule* mouillé fous l'ifle de Grois ; & après avoir fait
entrer ma prife dans le port Louis , nous mîmes
tous trois à la voile , pour aller à notre deftination.

Etant à la hauteur de Lisbonne , environ quinze
lieues au large , nous découvrîmes une flotte de
deux cens voiles , venant du Brefil , efcortée par fix
vaiffeaux de guerre portugais, depuis cinquante jufqu'à quatre-vingts canons. Cette flotte occupoit un
très-grand efpace ; & ayant remarqué un peloton
de vingt navires marchands , avec un des vaiffeaux
de guerre , qui étoient trois lieues au vent , & fé-
parés

parés du corps de la flotte, je compris que nous
pourrions accofter, affez aifément, ce peloton, fous
pavillon anglois, & qu'en amufant le vaiffeau de
guerre par cette enfeigne trompeufe, j'aurois le
temps de l'aborder, & de prendre enfuite quelques-
uns des vaiffeaux marchands, avant qu'ils puffent
être fecourus du refte de la flotte.

La frégate le *Paon* étoit alors quatre lieues derriere nous; mais le temps étoit trop précieux pour
l'attendre; & il ne convenoit pas de donner de la
défiance aux ennemis, en temporifant davantage.
Je dis donc à M. de Druis qu'il falloit qu'il coupât
ce peloton féparé, & que j'allois aborder le vaiffeau
de guerre, tandis qu'il fe rendroit maître des navires marchands qu'il pourroit joindre. Auffi-tôt
nous arborâmes pavillon anglois; & je m'avançai
vers le vaiffeau de guerre portugais, comme fi j'a-
vois eu intention de lui parler en paffant, & de lui
demander des nouvelles. Il mit en panne pour m'attendre; mais comme il étoit à l'encontre de nous,
& qu'il n'étoit pas poffible d'exécuter avec fuccès
mon abordage dans une fituation femblable, je jugeai à propos de carguer mes baffes voiles, & de
le ranger fous le vent, afin de l'empêcher d'arri-

                ver

ver fur la flotte. Dans cette idée, je ne fis mettre mon pavillon blanc que lorfque je fus à portée du piftolet ; & auffi-tôt je lui fit tirer toute ma bordée de canon & de moufqueterie. Ce vaiffeau furpris ne me répondit que de cinq ou fix coups de canon ; & le feu continuel de ma moufqueterie l'empêchant de pouvoir manœuvrer fes voiles d'avant, j'eus le temps de revirer de bord fur mes deux huniers , & de le prolonger pour exécuter mon abordage. Dé-ja mes grapins étoient prêts à l'accrocher, quand l'*Hercule* vint paffer à toute voile fous notre beau-pré , & tirant fa bordée , peu néceffaire, il s'appro-cha fi près de nous deux , que pour éviter d'être brifés tous les trois dans ce triple abordage, je fus contraint de mettre promptement mes voiles fur le mât, & enfuite d'arriver. Cet accident , ou plû-tôt cette manœuvre inconfiderée, m'ayant fait man-quer mon abordage , & le vaiffeau portugais ne paroiffant plus faire aucune réfiftance , je crus qu'il n'y avoit plus d'inconvénient à laiffer le foin de l'amariner à mon camarade, d'autant plus que mon vaiffeau allant bien mieux que le fien , je pouvois joindre plus vîte quelques-uns de ces vaiffeaux mar-chands , avant qu'ils fuffent fecourus. Cependant

comme

comme dès les premiers coups que j'avois tirés, ils avoient tous arrivé vent arriere fur la flotte, & que d'un autre côté les vaiffeaux de guerre venoient à toutes voiles à eux, je me trouvai à portée du canon de ces vaiffeaux de guerre, avant que d'avoir pû atteindre un feul vaiffeau marchand. Pour comble d'infortune M. de Druis, auquel j'avois laiffé le foin d'amariner ce premier vaiffeau de guerre, au lieu de l'aborder, & de jetter à fon bord quelques-uns de fes gens pour s'en emparer promptement, prit le parti d'y envoyer fa chaloupe; mais les Portugais, un peu revenus de leur premier trouble, n'eurent pas plûtôt tiré quelques coups de fufil pour l'empêcher d'aborder, que M. de Druis la fit revenir, & fe mit à canonner ce vaiffeau fi vivement, qu'il hacha fa mâture en pieces, de façon qu'après l'avoir foumis, le mât de mifaine tomboit, lorfqu'il y renvoya fa chaloupe.

Pendant que cela fe paffoit, j'étois occupé à combattre de loin les autres vaiffeaux de guerre, pour les retarder, en les obligeant à me canonner de même, & pour donner, par cette diverfion, tout loifir à M. de Druis de bien amariner le vaiffeau pris. A la fin, jugeant qu'il avoit eû pour cela un temps

plus

plus que fuffifant, je revirai de bord fur lui ; &
voyant ce vaiffeau démâté, je fis préparer un cablot pour le prendre fur le champ à la remorque.
Ma furprife fut extrême, quand j'appris de M. de
Druis qu'il avoit été contraint de l'abandonner ,
parce qu'il alloit inceffamment couler bas, & qu'il
avoit eu beaucoup de peine à en retirer nos gens.
Lorfqu'il me tint ce difcours, le jour alloit finir, &
les autres vaiffeaux de guerre portugais n'étant plus
qu'à portée du fufil de nous, le mal me parut fans
remede ; & je fus obligé de m'en rapporter, bien
malgré moi, à ce qu'il me difoit.

Cependant je confervai toute la nuit cette flotte ;
à la pointe du jour j'apperçûs ce vaiffeau pris la veil-
le, qui, bien loin d'avoir coulé bas, s'étoit remâté
avec des mâts de hune, & avoit bravement pris fa
place en ligne avec les autres. Cette apparition, à
laquelle je ne devois pas m'attendre, m'engagea à
faire venir M. de Druis, & deux de fes principaux
officiers à bord de mon vaiffeau, pour favoir les
raifons qui les avoient portés à me dire fi affirma-
tivement que ce vaiffeau alloit inceffamment difpa-
roître, & en même temps pour m'informer s'il ne
s'étoit pas affûré, en retirant fes gens, du capitaine

ou

ou de quelqu'autre officier Portugais. Tout ce que je pus tirer de M. de Druis, fut qu'il avoit été si pressé de sauver son équipage, à cause de l'approche des autres vaisseaux de guerre portugais, & dans l'impatience où il étoit de venir me seconder, qu'il n'avoit pas pensé à retirer aucun prisonnier, d'autant plus qu'on lui disoit à chaque instant que le vaisseau alloit couler bas.

Je compris à ce discours que la cause de ce malentendu venoit du pillage que ses matelots avoient fait dans ce riche vaisseau, & que ces coquins voyant d'un côté qu'il étoit démâté, & s'appercevant de l'autre que ses camarades accouroient à son secours, avoient eu peur de tomber au pouvoir des ennemis avec leur butin, & que pour l'éviter ils n'avoient point trouvé de meilleur expédient que celui de crier que le vaisseau alloit couler bas, & qu'il n'y avoit pas un moment à perdre pour se sauver. Alors persuadé qu'il y avoit dans la conduite de M. de Druis plus de malheur que de mauvaise volonté, & qu'ainsi il étoit inutile de lui faire des reproches, je crus qu'il convenoit au contraire de lui fournir l'occasion de réparer son tort par une action éclatante, en le mettant pour cet effet dans la nécessité d'aller

aborder

aborder le commandant portugais, & en me char-
geant de le couvrir du feu de tous les autres vaiffeaux, pendant qu'il exécuteroit fon abordage. Je
l'avertis que pour y bien réuffir, il falloit ne pas tirer un coup, que fes grapins ne fuffent jettés de
l'avant & de l'arriere, & nommer pour fauter à bord
la moitié de fes officiers, le tiers de fes foldats &
de fes manœuvriers, avec deux hommes de chaque
canon, afin que les poftes reftaffent paffablement
garnis. Je lui dis encore que je donnerois ordre à
M. de la Jaïlle, capitaine du *Paon*, de venir aborder l'*Hercule* auffi-tôt qu'il le verroit accroché au
commandant portugais, & de lui jetter tout fon
équipage, pour remplacer ceux qui auroient fauté
de fon bord, & le mettre, par ce renfort, en état
de combattre comme auparavant : qu'au moyen de
ces précautions, j'étois sûr qu'il enleveroit ce gros
vaiffeau, dont l'entre-pont étoit fort embarraffé de
marchandifes, & dont l'équipage, compofé de différentes nations, devoit être très-peu aguerri. Je fis
en même temps fentir à M. de Druis, que fi je ne
me chargeois pas de cet abordage, c'étoit parce
que la manœuvre que j'aurois à faire pour le bien
couvrir, étoit la plus délicate & la plus dangereufe ;
mais

mais que je comptois bien , que quand il auroit enlevé ce gros vaiſſeau , il viendroit me rendre le même ſervice que je lui aurois rendu , en me couvrant
à ſon tour , quand j'irois aborder le vice-amiral
portugais.

Ces précautions priſes , & les ordres donnés ,
nous arrivâmes ſur les vaiſſeaux de guerre ennemis , qui nous attendoient en ligne au vent de leur
flotte. Nous eſſuyâmes , ſans tirer , leurs premieres
bordées ; & M. de Druis aborda le commandant
monté de quatre-vingts canons, avec toute l'audace
& la valeur poſſibles : il jetta ſes grapins à ſon bord ,
& lui donna dans le ventre toute ſa bordée de canon , chargé à double charge. La mouſqueterie
& les grenades , jointes à cela , jetterent la mort &
la terreur dans ce grand vaiſſeau ; & je ne doute
nullement qu'il n'eût été facilement enlevé d'emblée , ſi M. de Druis avoit eu autant d'attention à
ſa manœuvre , qu'il avoit marqué d'intrépidité; mais
le commandant ennemi , un inſtant avant que d'ê-
tre accroché , avoit appareillé ſa miſaine & ſa civadiere , & pouſſé ſon gouvernail à arriver. Ainſi ces
deux vaiſſeaux liés enſemble , prirent l'off pour
l'off en l'autre bord , de maniere que le vent prit

O   ſur

ſur toutes les voiles du Portugais, & ſe conſerva dans celles de l'*Hercule*. Il arriva de-là, que les voiles de l'un étant orientées à courir de l'avant, & celles de l'autre à caler, les grapins rompirent, & que les deux vaiſſeaux ſe ſéparerent, avant que les gens de l'*Hercule* euſſent pû ſauter dans le vaiſſeau ennemi. J'étois alors à portée du piſtolet ſous le vent, & je leur criois de toutes mes forces de braſſeyer leurs voiles ; mais dans le bruit & la confuſion d'un abordage, je n'étois pas entendu ; & d'ailleurs j'étois moi-même occupé à combattre, & à ſoutenir le feu des deux matelots du commandant, qui me chamailloient rudement. Cependant voyant ce gros vaiſſeau, quoique manqué à l'abordage, ſi maltraité, qu'il ne pouvoit preſque plus tirer, je voulus tenter de l'accrocher à mon tour ; mais je ne pus jamais y parvenir, parce que j'étois un peu trop ſous le vent. D'un autre côté M. de la Jaïlle, qui s'étoit avancé à portée de jetter tout ſon équipage à bord de l'*Hercule*, ainſi que je l'avois ordonné, le voyant déſaccroché, prit le parti de retenir le vent, & ſe démêla, comme il put, du milieu de tous ces vaiſſeaux, au moindre deſquels le ſien n'étoit pas capable de prêter le côté.

L'Hercule

L'*Hercule* se trouvant désemparé, après son abordage, voulut s'écarter pour se raccommoder plus
aisément; & faisant de la voile, il passa par le travers de deux vaisseaux de guerre portugais, qui le
maltraiterent encore davantage.

Au moyen de tout cela, je me trouvai seul au
milieu des ennemis. Toutes mes voiles & mes manœuvres étoient hachées; & le vent ayant cessé,
mon vaisseau avoit bien de la peine à gouverner.
Heureusement les Portugais avoient encore moins
de facilité à se remuer, à cause de leur pesanteur,
l'un d'eux n'avoit pû revirer comme les autres sur
le commandant, & étoit resté en panne, assez loin
de ses camarades. Je trouvai le moyen de revirer
de bord sur lui, à l'aide de mes avirons; & je fis
tous mes efforts pour le doubler au vent, dans la
résolution de l'aborder. Mais toutes mes manœuvres d'avant étant coupées, il me fut impossible de
le ranger plus près que la demie-portée de fusil sous
le vent; & comme j'avois d'ailleurs beaucoup de mes
gens hors de combat, & que le corps de mon vaisseau étoit fort maltraité, je me contentai de lui donner en passant toute ma bordée, & je continuai ma
route, pour me tirer hors de portée des autres vais-

O 2   seaux,

feaux, qui ne ceſſoient de me canonner.

Dès que je fus débarraſſé, je fis ſignal à l'*Hercule*, & au *Paon* de me venir joindre, ils obéirent; & M. de Druis me repréſenta les raiſons qui l'avoient obligé de s'écarter de moi, & qu'il n'étoit pas en état de recommencer, ayant un auſſi grand nombre de ſes gens tués ou bleſſés. Je lui répondis qu'il falloit donner encore un coup de colier, & que les ennemis étant à proportion plus incommodés que nous, j'étois réſolu de les pourſuivre juſqu'à l'extrêmité; en effet, je ne tardai pas à arriver ſur eux; & mes deux camarades me ſuivirent, ſans balancer.

Nous commencions à découvrir les côtes de Portugal; & le vent ayant augmenté, la flotte ennemie s'efforçoit d'en profiter, pour entrer avant la nuit dans le port de Lisbonne. La vîteſſe de mon vaiſſeau me fit gagner deux lieues ſur l'*Hercule*, & ſur le *Paon*; en ſorte que je joignis vers la fin du jour les vaiſſeaux de guerre portugais, qui étoient reſtés un peu de l'arriere, pour couvrir leur flotte; ils étoient ſi incommodés, & ſi rebutés de la beſogne, qu'ils m'abandonnerent ce vaiſſeau de guerre qui avoit été démâté, & pris le jour précédent par M. de Druis.

Druis. Je me preffois de le joindre pour m'en emparer , avant que la nuit, qui s'avançoit, fût fermée ; & pour plus grande précaution j'avois mis ma
chaloupe à la mer, prête à l'amariner, en cas que
mon abordage eût manqué par quelqu'événement
imprévû , quand je découvris les brifans des écueils,
nommés Arcathophes, à portée de fufil fous le vent.
Ce vaiffeau, dont j'étois fur le point de me rendre le
maître , toucha deffus , & alla échouer entre le fort
de Cafcais, & celui de Saint Julien. Il s'en fallut
très-peu que je ne fiffe auffi naufrage fur ces brifans , n'ayant eu précifément que le temps de revirer tout d'un coup en l'autre bord.

C'eft ainfi que par une infinité de circonftances
des plus malheureufes , & des moins attendues , je
perdis une des plus belles occafions de ma vie. La
fortune refufa de m'enrichir par la prife de ce vaiffeau, qui tout feul étoit d'une valeur immenfe , au
milieu du combat, trois boulets confécutifs paffe-
rent entre mes jambes , mon habit & mon chapeau
furent percés de plufieurs coups de fufil ; & je fus
bleffé, mais légérement, de quelques éclats. Il fem-
bloit que les boulets & les balles vinffent me chercher par tout où je portois mes pas.

Après

1706.

Après cette aventure malheureuse , je rejoignis mes deux camarades, & nous fîmes route pour nous rendre à Cadix , suivant les ordres du Roi. M. le marquis de Valdecagnas parut fort aife de notre arrivée; il me chargea du foin de garder les Pontals. Je fis entrer nos trois vaiffeaux en dedans. Je difpofai les canoniers & les matelots qui me parurent néceffaires pour fervir l'artillerie des deux forts de l'entrée; & je fis travailler le refte de nos équipages à perfectionner la batterie de Saint-Louis , qui n'étoit pas achevée. J'ajoutai à ces précautions celle d'avoir des chaloupes armées de foldats , toutes prêtes à fervir en cas de befoin ; je fis auffi armer fur mon crédit , le gouverneur ne voulant donner aucun fonds, un vaiffeau , que je fis équiper en brulot par mes canonniers , pour le placer avec un va-&-vient dans la paffe du Pontal, la plus aifée à forcer. En un mot, je ne négligeai rien de tout ce qui pouvoit contribuer à la fûreté des poftes qui m'étoient confiés , fans que pour cela j'affiftaffe moins régulierement à tous les confeils que tenoit M. de Valdecagnas.

J'appris qu'il n'y avoit pas pour quinze jours de vivres dans Cadix , quoique le gouverneur eût fous ce prétexte exigé de groffes contributions de tous les

les négocians. Je crus de mon devoir de lui repré-
senter fortement, qu'il étoit abfolument néceffaire
d'y pourvoir inceffamment, s'il ne vouloit fe trouver expofé, par ce défaut, à rendre la place à l'armée navalle ennemie, que l'on favoit être arrivée
fur les côtes de Portugal. Mes repréfentations réitérées lui déplurent ; auffi profita-t-il du premier prétexte qu'il pût trouver de me mortifier ; & il l'en-
treprit, contre la regle & le refpect qu'il devoit au
Roi, qui m'avoit honoré de fes ordres. Il fera aifé
d'en juger par le récit que j'en ferai inceffamment.

On reçut, dans ce temps-là, à Cadix des nouvelles de Lisbonne, au fujet de mon dernier combat avec la flotte portugaife. Elles portoient, que
le marquis de Sainte-Croix, amiral de cette flotte,
avoit été tué, & beaucoup d'autres officiers ; que
cinq de ces vaiffeaux de guerre étoient entrés à Lisbonne fort délabrés, & que le fixiéme ayant été démâté & pourfuivi de près, s'étoit échoué entre les
forts de Cafcais & de Saint-Julien ; mais qu'on avoit
fauvé une partie de fes effets. On ajoutoit que ce
dernier vaiffeau, qui revenoit de Goa, avoit relâché au Brefil, où il s'étoit joint à la flotte ; qu'il
étoit riche de plus de deux millions de piaftres, &

que

que le pillage fait deſſus par les gens de l'*Hercule*, étoit eſtimé à deux cens mille écus ; qu'il étoit même reſté dans le vaiſſeau portugais quatorze matelots françois, que le trop de précipitation avoit empêché d'en retirer, leſquels avoient été mis au cachot en arrivant à Lisbonne. On apprit auſſi par la même voye, que l'armée navalle des ennemis avoit quitté les côtes d'Eſpagne, & qu'il n'y avoit aucune apparence qu'elle pût déformais entreprendre le ſiege de Cadix.

Sur ces nouvelles, je pris l'agrément de M. de Valdecagnas, pour faire ſortir nos vaiſſeaux des Pontals ; & ayant ſû qu'il y avoit dans le port de Gibraltar ſoixante navires chargés de vivres & de munitions pour l'armée ennemie, je formai le deſſein d'y aller avec le brulot, que j'avois fait équiper à mes dépens, & de les brûler. Je l'aurois exécuté, d'autant plus facilement, qu'ils n'étoient ſoutenus d'aucun vaiſſeau de guerre ; mais j'eus beau répondre du ſuccès à M. de Valdecagnas, & lui faire là-deſſus toutes les inſtances imaginables, il ne voulut jamais y conſentir ; & comme j'avois ordre exprès de lui obéir, il ne me reſta que le regret de voir échapper une occaſion qui auroit été ſi

avantageuſe

avantageufe au fervice des deux couronnes.

Lorfque nos vaiffeaux mouillerent dans la rade de Cadix, j'avois ordonné que nos chaloupes allant à terre, ne fuffent point armées, & qu'il y eut feulement un officier pour en contenir l'équipage, afin d'éviter toute difcuffion avec les Efpagnols. Il arriva que les barques de la douane, abufant de ma difcrétion, infulterent nos chaloupes à diverfes reprifes, & même les vifiterent contre le droit de la nation Françoife. J'en fis mes plaintes par le canal de M. le chevalier Renaud, François, & lieutenant général au fervice d'Efpagne, qui réfidoit à Cadix. Je le priai d'en parler au gouverneur, afin que l'on punît les coupables d'une pareille violence, & qu'on y remédiât à l'avenir, puifque je ne pouvois ni ne devois fouffrir qu'on donnât atteinte aux privileges de la nation, & qu'on infultât des vaiffeaux du Roi. J'ajoutai que le tort des Efpagnols étoit d'autant plus grand, que nous n'étions là que pour les fecourir & les protéger. M. de Valdecagnas ne fit aucune attention à tout ce que lui repréfenta M. Renaud; & négligea entierement de pourvoir aux inconvéniens qui pourroient arriver; de forte que deux jours après une barque de la

1706.

P   douane

douane infulta une feconde fois la chaloupe de l'*Hercule*, & en maltraita l'officier, qui vouloit s'oppofer à la vifite. M. de Druis, capitaine de ce vaiffeau, vint à huit heures du foir m'en porter fes plaintes, & me repréfenter qu'ayant l'honneur de commander dans la rade de Cadix pour le fervice des deux couronnes, il étoit de mon devoir d'envoyer fur le champ arrêter cette barque, & d'en demander hautement juftice, fi je ne voulois m'expofer au reproche d'avoir le premier fouffert des nouveautés injurieufes à la nation, & contraires au refpect qu'on devoit au Roi. J'eus la précaution de me faire rendre compte par l'officier, & par l'équipage de la chaloupe, des circonftances de cette infulte; & les ayant trouvé très-graves, je détachai deux chaloupes fous le commandement de M. de la Jaille, pour aller arrêter cette barque, avec ordre exprès de ne point tirer, & de n'ufer d'aucune violence, qu'à la derniere extrêmité. La barque en queftion s'étoit mêlée parmi plufieurs autres, & il eut quelque peine à la trouver; à la fin l'ayant démêlée, il s'avança fur elle; auffi-tôt elle prit chaffe, & tira la premiere des coups de pierriers & de fufil fur nos chaloupes. Deux de nos foldats en furent

rent bleſſés , & deux autres tués ; & M. de la Jaille
eut le devant de ſon habit emporté d'un coup de
pierrier. Alors ſe conformant à mes ordres , il aborda cette barque , s'en rendit maître , & la conduiſit
à bord de mon vaiſſeau. Cet abordage ne ſe put faire ſans effuſion de ſang , les Eſpagnols tirant à toute outrance ſur nos gens , ceux-ci ne purent être re-
tenus , & leur tuerent trois hommes , ils en bleſſe-
rent trois autres , que j'eus ſoin de faire panſer par
nos chirurgiens.

Le lendemain matin je crus devoir deſcendre à
terre avec MM. de Druis & de la Jaille , pour informer le gouverneur du fait , & pour lui en demander raiſon ; mais bien loin de vouloir m'écou-
ter , il me fit arrêter dans ſon anti-chambre par le
major de la place ; & je fus conduit en priſon à la
tour de Sainte-Catherine. M. Renaud averti d'un
procédé ſi ſurprenant , courut lui en repréſenter
toutes les conſéquences ; & le trouvant mal diſpo-
ſé , il dépêcha un exprès au marquis de Villadarias ,
gouverneur d'Andalouſie , & beau-frere de M. de
Valdecagnas , le conjurant de venir interpoſer ſon
autorité , pour arrêter les ſuites périlleuſes d'une pareille conduite. M. de Villadarias ſe rendit le jour

P 2

ſuivant

 fuivant à Cadix ; & dans un confeil qu'il affembla
à ce fujet, il fut fimplement décidé, que l'armée
navalle des ennemis s'étant retirée, & le fecours des
vaiffeaux françois ne paroiffant plus néceffaire à la
confervation de la place, on me feroit fortir de prifon, & que je pourrois mettre à la voile, quand
bon me fembleroit. Cela fut exécuté ; & je fus conduit à bord de mon vaiffeau. J'y arrivai, outré de
l'indigne procédé du marquis de Valdecagnas, pour
récompenfe des foins & des mouvemens que je m'é-
tois donnés avec autant de zéle, que fi j'avois été
perfonnellement chargé de conferver Cadix. Toute
ma confolation étoit l'efpéranee que le Roi, bien
informé du fait, en tireroit une fatisfaction auten-
tique. En effet, Sa Majefté s'en étant fait rendre
compte, exigea du Roi d'Efpagne que le gouver-
nement de Cadix, feroit ôté à M. de Valdecagnas,
& celui de l'Andaloufie à M. de Villadarias, qui
s'étoit donné la licence d'écrire là-deffus en termes
très-peu convenables au profond refpeĉt qu'un particulier, comme lui, devoit à un fi grand monarque, ayeul de fon maître.

Impatient de quitter cette terre, je mis à la voile
dès le lendemain, & je fis route pour me rendre

à

à Breft. J'eûs en chemin connoiffance d'une flotte de quinze vaiffeaux anglois, efcortée par le *Gaf-pard*, frégate de trente-fix canons. Je fis fignal à mes camarades de donner dans la flotte, & j'allai aborder le *Gafpard*. Celui qui le commandoit fe dé-fendit très-valeureufement, & foutint mon abor-dage tout autant qu'il lui fut poffible. M. de Fof-fieres, officier plein d'ardeur, qui étoit mon capi-taine en fecond, y fut tué; j'eus encore un autre officier bleffé, & nous prîmes douze vaiffeaux de cette flotte, que nous conduisîmes à Breft.

J'avois marqué, pendant la route, toutes fortes de prévenances à l'Anglois, capitaine de ce *Gaf-pard*; & je m'étois empreffé à lui faire connoître tout le cas que je faifois de fa valeur & de fa fer-meté. Il fut affez injufte pour attribuer mes poli-teffes à la crainte de tomber à mon tour entre les mains des Anglois; & il pouffa l'indifcrétion juf-qu'à m'en faire confidence en mangeant à ma table, entre le deffert & la fin du repas. Cette infolence me mit dans la néceffité d'en ufer, contre mon in-clination, avec autant de dureté que je lui avois auparavant témoigné d'eftime & d'amitié, afin de lui faire bien comprendre que fi je confidérois la

valeur

1706.

valeur dans les ennemis du Roi, lorſqu'ils étoient vaincus, je ſavois auſſi dompter leur orgueil, & braver toutes ſortes d'événemens, quand il étoit queſtion de combattre pour ma patrie.

1707.

Le Roi m'ayant fait l'honneur de me nommer chevalier de l'ordre de ſaint Louis, je me fis un devoir d'aller recevoir l'accolade de la main même de ce grand prince. Je me rendis à Verſailles, où Sa Majeſté voulut bien me faire connoître qu'elle étoit ſatisfaite de mon zéle & de mes ſervices. Elle m'en donna des preuves, en m'accordant ſes vaiſ-ſeaux le *Lis* de ſoixante-quatorze canons, l'*Achille* de ſoixante-ſix, le *Jaſon* de cinquante-quatre, la *Gloire* de quarante, l'*Amazonne* de trente-ſix, & l'*A-ſtrée* de vingt-deux. Je partis promptement pour Breſt; & je choiſis pour commander ces vaiſſeaux MM. de Beauharnois, de Courſerac, de la Jaille, de Neſmond, & de Kerguelin; & ayant mis à la voile, je fus me placer à la hauteur de Lisbonne, eſ-pérant d'y rencontrer la flotte du Breſil, qu'on atten-doit inceſſamment. Je ne pûs parvenir à en avoir de nouvelles. Je m'emparai cependant de deux vaiſſeaux anglois aſſez riches, qui ſortoient du détroit de Gi-braltar. De-là m'étant porté à l'entrée de la Man-che,

che , je fis quatre autres prifes de la même nation , chargées de tabac ; & je ramenai le tout à Breft, où je fis caréner les vaiffeaux de mon efcadre.

Je trouvai dans ce port M. le comte de Forbin , chef d'efcadre , avec fix vaiffeaux de guerre qu'il commandoit. Nous y reçûmes en même temps l'un & l'autre une lettre de M. le comte de Pontchartrain, qui nous avertiffoit qu'il y avoit aux Dunes d'Angleterre une flotte confidérable , chargée de troupes & de munitions de guerre , prête à faire voile pour le Portugal , & pour la Catalogne. Ce miniftre nous marquoit qu'il étoit d'une extrême conféquence que nous allaffions , fans différer , croifer enfemble quelque temps au-devant de cette flotte, & que nous rendrions un fervice des plus importans à l'État , fi nous pouvions la joindre , & la détruire.

J'avois fous mes ordres le même nombre de vaiffeaux que M. le comte de Forbin , parce que le *Maure* , vaiffeau de cinquante canons , commandé par M. de la Moinerie-Minac de Saint-Malo , s'étoit venu joindre à moi , à la place de l'*Aftrée* qui reftoit dans le port. Nous partîmes donc tous enfemble de Breft , & nous allâmes nous pofter à l'ouverture

verture de la Manche. Après avoir resté trois jours
sans rien rencontrer, il me parut que M. de Forbin
faisoit route du côté de Dunkerque, lieu de son
défarmement. Il étoit déja éloigné de moi environ de quatre lieues, lorsque je remarquai qu'il
changeoit sa manœuvre & sa route. Je jugeai qu'il
avoit fait quelque découverte ; & courant de ce côté, j'apperçus effectivement une flotte, qui me parut être de deux cens voiles, & vrai-semblablement
celle dont M. le comte de Pontchartrain nous avoit
avertis. Le jour commençoit alors à paroître ; je
crus devoir m'approcher de M. de Forbin, pour
concerter ensemble la maniere d'attaquer cette flotte ; & je me pressois de le joindre ; mais ayant vû,
chemin faisant, qu'il avoit arboré pavillon de chaf-
se, je mis aussi-tôt toutes mes voiles au vent, &
chassai sur la flotte. La légéreté de mon escadre ca-
rénée de frais, me fit devancer M. de Forbin d'environ une lieue ; & je n'étois plus qu'à une bonne
portée de canon de cette flotte, quand il s'avisa,
au grand étonnement de tous, de venir en travers,
& de prendre un ris dans ses huniers, par un temps
où nous aurions pû porter perroquets sur perroquets. L'esprit de subordination, dont j'ai toujours

été

été plus jaloux que qui que ce soit, me fit, contre mon gré, imiter cette manœuvre, qui seule nous fit manquer l'entiere destruction de cette importante flotte. Elle étoit rassemblée sous le vent de cinq gros vaisseaux anglois, qui nous attendoient rangés sur une ligne. Le vaisseau le *Cumberland* de quatre-vingt-deux canons, qui étoit le commandant, s'étoit placé au milieu, le *Devonshire* de quatre-vingt-douze canons, à la tête, & le *Royal-Oak* de soixante-seize, à la queue ; le *Chester*, & le *Ruby* de cinquante-six à cinquante-quatre canons chacun, étoient matelots de l'avant & de l'arriere du *Cumberland*. Ils nous prirent d'abord, à ce qu'ils nous ont dit depuis, pour une troupe de corsaires rassemblés, dont ils ne faisoient pas grand cas. Mais nous n'eûmes pas plûtôt mis en travers, qu'ils connurent qui nous étions, à la séparation des mâts de nos vaisseaux, & à la hauteur de leurs œuvres mortes. L'affaire leur parut sérieuse ; & le commandant fit signal dans l'instant aux bâtimens de transport de se sauver comme ils pourroient par différentes routes ; d'où il est aisé de conclure, que si nous les eussions attaqués, sans nous amuser inutilement à prendre des ris, ils étoient tous indubitablement perdus, & que par

1707.

Q   conséquent

conféquent les projets formés par les puiffances al-
liées contre la maifon de France, pour achever de
conquérir l'Efpagne, fe feroient trouvés dès-lors entierement renverfés ; d'autant plus que l'Archiduc
& le Roi de Portugal attendoient, avec la plus
grande impatience, ce convoi que la Reine d'Angleterre leur envoyoit, pour les foulager un peu
dans l'extrême détreffe où ils étoient, & fur-tout le
premier, depuis la bataille d'Almanza, qu'il avoit
perdue quelques mois auparavant.

Impatient de voir que M. de Forbin ne fe pref-
foit pas d'arriver, & refléchiffant que la journée
s'avançoit beaucoup, puifqu'il étoit près de midi,
& que nous étions à la fin du mois d'octobre, je
fis fignal à tous les vaiffeaux de mon efcadre de
venir me parler les uns après les autres. J'ordonnai à M. le chevalier de Beauharnois d'aborder le
Royal-Oak, à M. le chevalier de Courferac d'a-
border le *Chefter*, à M. de la Moinerie-Miniac d'a-
border le *Ruby*; & comme je me réfervois le commandant, je donnai ordre à M. de la Jaille de me
fuivre avec la *Gloire*, & de venir me jetter une partie de fon équipage, auffi-tôt qu'il m'y verroit accroché, afin de me trouver, par ce renfort, plus

en

en état de fecourir les vaiffeaux de mon efcadre que
je verrois preffés , ou même ceux de l'efcadre de
M. de Forbin qui pourroient être affez hardis pour
ofer fe mefurer avec le *Devonshire*. Mais auffi comme il y avoit de l'équité à fonger un peu aux intérêts de mes armateurs, & prévoyant que nous
trouverions affez de difficultés à foumettre les vaiffeaux de guerre , pour n'être pas en état de prendre & d'amariner les vaiffeaux de tranfport, je chargeai M. le chevalier de Nefmond, qui commandoit
la frégate l'*Amazone*, la meilleure de mon efcadre ,
de donner au milieu de la flotte, pourvû cependant qu'aucun des vaiffeaux du Roi ne fe trouvât
dans le cas d'avoir un befoin preffant de fon fecours.

Ces ordres donnés, j'arrivai fur les ennemis , &
faifant coucher tout mon équipage fur le pont ,
je donnai mon attention à bien manœuvrer. J'effuyai d'abord, fans tirer , la bordée du *Chefter*, matelot de l'arriere du *Cumberland* , enfuite celle du
Cumberland même , qui fut des plus vives. Je fei-
gnis dans cet inftant de vouloir plier , il donna dans
le piege ; & ayant voulu arriver pour me tenir fous
fon feu, je revins tout-à-coup au vent, & par ce

Q 2   mouvement

mouvement son beaupré se trouva engagé dans mes grands haubans, avant que de lui avoir risposté d'un seul coup de canon ; ensorte que toute mon artillerie, chargée à double charge, & ma mousqueterie l'enfilant de l'avant à l'arriere, ses ponts & ses gaillards furent dans un instant jonchés de morts. Aussi-tôt M. de la Jaille, mon fidéle compagnon d'armes, s'avança avec la *Gloire* pour exécuter ce que je lui avois ordonné ; mais ne pouvant m'aborder que très-difficilement par rapport à la position où il me trouva, il eut l'audace d'aborder le *Cumberland* même de long en long. Il est vrai qu'il rompit son beaupré sur la pouppe de mon vaisseau, dans le même moment que l'ennemi achevoit de rompre le sien dans mes grands haubans. Alors ceux de mes gens que j'avois nommés pour sauter à l'abordage du *Cumberland*, s'efforcerent de pénétrer à son bord, mais très-peu y réussirent, à cause de son beaupré rompu, qui rendoit l'approche de ce vaisseau aussi difficile que dangereuse. MM. de la Calandre, de Blois, & Dumenaye, officiers sur la *Gloire*, furent les premiers qui s'élancerent dedans, à la tête de quelques vaillans hommes. Ils tuerent & mirent en fuite ce qui restoit d'Anglois sur le

pont,

Le Maure abordant le Rubi.   L'Achille combatant le Royal=oak.

pont , & fur les gaillards , & fe rendirent les maîtres du vaiffeau. Alors voyant qu'ils me faifoient
figne avec leurs mouchoirs , & que l'on baiffoit le
pavillon Anglois, je fis ceffer le feu, & j'empêchai
qu'il ne fautât un plus grand nombre de mes gens
à bord. Au même inftant je fis pouffer au large pour
me porter dans les lieux où je pourrois être de quelque utilité.

M. le chevalier de Beauharnois, qui montoit l'*A-
chille* , avoit abordé de fon côté, avec toute l'audace
poffible , le *Royal-Oak* ; & fes gens s'étant préfen-
tés pour fauter à l'abordage, il étoit prêt de s'en
rendre maître, lorfque le feu prit dans fon vaiffeau
à des gargouffes pleines de poudre. Ses ponts & fes
gaillards en furent enfoncés, & plus de cent hommes y perdirent la vie. Il fit pouffer au large , &
fut affez heureux pour éteindre cet embrafement,
après bien du travail; mais pendant ce temps-là le
Royal-Oak , dont le beaupré fe trouvoit rompu ,
avoit profité de l'occafion , & s'étoit fervi de toutes
fes voiles pour fe fauver.

M. le chevalier de Courferac, qui commandoit
le *Jafon*, aborda auffi le *Chefter* ; & fes grapins s'é-
tant rompus, les deux vaiffeaux fe féparerent;M. le
chevalier

chevalier de Nefmond, qui le fuivoit fur l'*Amazone*, voulut en profiter, & aborder à fon tour ce
vaiffeau anglois ; mais n'ayant pas modéré fa courfe
affez à temps, il le dépaffa malgré lui ; alors M. de
Courferac revint deffus, & l'enleva à ce dernier
abordage, ce qui fit prendre à M. de Nefmond le
parti d'exécuter l'ordre que je lui avois donné de
fondre au milieu de la flotte ; & il s'empara d'un
affez grand nombre de ces bâtimens de tranfport.

Le *Maure*, commandé par M. de la Moinerie-
Miniac, avoit, fuivant fa deftination, abordé le
Ruby ; & dans le temps même qu'il y étoit accroché, M. le comte de Forbin vint à toutes voiles
donner de fon beaupré fur la pouppe de cet Anglois qui fe rendoit. M. de Forbin prétendit que
c'étoit à lui qu'il s'étoit rendu, quoiqu'il n'eut pas
jetté un feul homme à fon bord. Cette prétention
lui fit d'autant moins d'honneur, que le témoignage
des Anglois ne lui étoit pas favorable, & que ce
brave Général auroit pû trouver, s'il l'avoit voulu,
des occafions plus glorieufes d'exercer fon courage.

Auffi-tôt que j'eûs fait pouffer mon vaiffeau au
large du *Cumberland*, j'examinai, avec attention,
la face du combat ; & ma premiere penfée fut de

courir

Le Jason abordant le Chester. Le Cumberland abordé par le Lys et la Gloire.

Embrasement du Devonshire.

courir fur le *Royal-Oak*, que je voyois fuir en très-
mauvais état, & que j'aurois certainement enlevé
d'emblée, fans beaucoup de danger, & fans effu-
fion de fang. Cette action m'auroit peut-être fait
plus d'honneur que le combat fanglant que je rendis contre le *Devonshire*. Je crois pouvoir avancer
hardiment que dans cette occafion l'interêt de ma
gloire particuliere céda à un motif plus généreux.
Je vis que M. le chevalier de Tourouvre, qui commandoit le *Blak-Ovval*, vaiffeau de cinquante-
quatre canons de l'efcadre de M. Forbin, ofoit
attaquer ce *Devonshire*, qui en portoit quatre-vingt-
douze, & que fuivi du *Salisbury*, monté par M. Bart,
il s'avançoit pour l'aborder avec une intrépidité héroïque. Je remarquai même qu'il avoit déja brifé
fon beaupré fur la pouppe de ce gros vaiffeau, dont
le feu, infiniment fupérieur, & l'artillerie formi-
dable, hachoient en piéces ces deux pauvres vaiffeaux. Touché de cet exemple de valeur, je volai
au fecours de ce brave chevalier, & je pris la réfolution d'aborder de long en long le *Devonshire*.
J'avois déja prolongé ma civadiere, & j'étois fur
le point de l'accrocher, quand je vis fortir de fa
pouppe une fumée fi épaiffe, que la crainte de brû-

1707.

* ler

 ler avec lui, me fit le battre à portée du piſtolet, juſqu'à ce que j'euſſe vû ce commencement d'incendie éteint. Il me feroit difficile de tracer une peinture ſenſible du feu terrible de canon & de mouſqueterie que j'en eſſuyai pendant trois quarts d'heure, attendant toujours que la fumée de ſa pouppe fût un peu ralentie pour l'aborder. Il me mit dans cette attente plus de trois cens hommes hors de combat. Enfin, déſeſpéré de voir périr tous mes gens l'un après l'autre, je me réſolus à tout évenement de l'accrocher, & fis pouſſer mon gouvernail à bord. Déja nos vergues commençoient à ſe croiſer, lorſque M. de Brugnon, l'un de mes lieutenans, qui commandoit la mouſqueterie & la manœuvre, vint précipitamment me faire remarquer que le feu, qui s'étoit fomenté dans la pouppe du *Devonshire*, ſe communiquoit à ſes haubans, & à ſes voiles de l'arriere. Frappé d'un danger ſi preſſant, je fis à l'inſtant changer la barre de mon gouvernail, appareiller tout ce qui me reſtoit de voiles, détachant des officiers pour aller ſur le bout des vergues couper avec des haches mes manœuvres, qui étoient embarraſſées avec celles de l'ennemi. A peine m'en étois-je éloigné de la por-

tée

tée du pistolet, que le feu se communiqua de l'arriere à l'avant de ce gros vaisseau avec tant de violence , qu'il fut consumé en moins d'un quart d'heure. Tout son équipage perit au milieu des flammes & des eaux , à l'exception de trois de ses matelots, qui se trouverent , après l'affaire , à bord de mon vaisseau , où ils étoient passés de vergues en vergues , lorsqu'ils s'apperçurent du motif qui me faisoit abandonner mon abordage avec tant de précipitation. Ils m'assûrerent qu'il y avoit plus de mille hommes dans ce vaisseau , lequel portoit, outre son équipage, plus de trois cens officiers ou soldats passagers. Je n'eus pas de peine à le croire , vû la vivacité avec laquelle son canon & sa mousqueterie étoient servis.

Après ce sanglant combat, mon vaisseau resta tellement délabré , que je fus deux jours entiers sans pouvoir remuer. Le corps du vaisseau , les mâts , les voiles , les manœuvres , tout étoit haché ; le gouvernail étoit de même par deux balles barrées de trente-six livres ; je demeurai dans cette perpléxité , ne sachant ce que les autres vaisseaux étoient devenus. Chacun d'eux avoit pris le parti de se rallier , ou de poursuivre les débris de cette flotte ; je savois

1707.

R   seulement

seulement que le *Royal-Oak* s'étoit sauvé , ayant bien remarqué que M. de Forbin n'avoit pas jugé cette conquête digne de son attention. J'avoue que si j'eusse été capable de me repentir d'une bonne action , & si je n'avois pas eu présente l'utilité qui devoit en revenir au Roi d'Espagne , j'aurois eu quelque regret d'avoir laissé échapper un si beau vaisseau , qui étoit, pour ainsi dire , en mes mains , & d'avoir été me faire hacher en pieces , pour avoir la douleur de voir perir mille infortunés , d'un genre de mort si affreux. Le souvenir de ce spectacle effroyable me fait encore fremir d'horreur.

Avant que de finir le récit de ce combat , je ne puis m'empêcher de parler de l'action d'un de mes contre-maîtres , qui sauta le premier à bord du *Cumberland* , par-dessus son beaupré rompu , & qui pénétra à son pavillon de pouppe pour le baisser ; il étoit occupé à en couper la drisse, quand il vit quatre soldats Anglois , qui s'étoient tenus ventre à terre , s'avancer sur lui le sabre haut. Dans ce peril imprévû , il conserva assez de jugement pour jetter à la mer le pavillon anglois , & pour s'y lancer ensuite lui-même ; il eut aussi la présence d'esprit de ramasser le pavillon dans l'eau , & de gagner à la nage

une

une chaloupe que le *Cumberland* avoit à la remorque; il en coupa le cablot, & se servant d'une
voile qu'il trouva dedans, il arriva vent arriere, &
se rendit dans cet équipage à bord de l'*Achille*, qui
étoit resté en travers sous le vent, pour se rétablir
du désordre où son abordage l'avoit mis. Le pavillon, dont je parle ici, fut porté dans l'église de
Notre-Dame à Paris, avec ceux des autres vaisseaux
de guerre anglois. Et sur le compte que je rendis
de cette action à M. le comte de Pontchartrain, le
Roi, sur son rapport, voulut la récompenser d'une
médaille d'or, & faire maître d'équipage ce vail-
lant homme. Il s'appelloit Honnorat Toscan, &
naviguoit en 1712. en sa qualité de maître, avec
M. le chevalier de Fougeray, lorsqu'il fut pris par
le *South-Seas-Castel.* Les matelots, ou soldats Anglois, ayant sû que c'étoit lui qui avoit fait la belle
action dont je viens de parler, lui firent essuyer
mille indignités. Je n'ai pas voulu passer sous silence
ni cette action, ni la récompense que ce brave sol-
dat en reçut du Roi. Ce grand Prince n'apprenoit
jamais une action de valeur du moindre de ses sujets, qu'il ne lui en fît connoître sa satisfaction par
quelque grace.

R 2   Tous

Tous les vaisseaux de mon escadre, & de celle de M. de Forbin, arriverent deux jours avant moi dans la rade de Brest, avec le *Cumberland*, le *Chester*, & le *Ruby*. Le *Cumberland* étoit mené à la remorque en triomphe, par le vaisseau de ce Général, de la même maniere que s'il en avoit été personnellement le vainqueur.

Outre les vaisseaux de transport, dont j'ai dit que l'*Amazone* s'étoit emparée, & qu'elle conduisit à Brest, il y en eut plusieurs autres qui furent pris par différens corsaires, qui se trouverent à portée de profiter de la déroute, & qui les firent entrer dans d'autres ports de France (*a*).

M. le comte de Forbin dépêcha à son arrivée M. le chevalier de Tourouvre, pour porter au Roi la nouvelle de ce combat. J'appris dans la suite que ce dernier m'avoit rendu, auprès de Sa Majesté, toute la justice que je pouvois attendre d'un caractere aussi généreux que le sien; je la lui rendis aussi toute entiere, quand j'eus l'honneur d'entre-

(*a*) Rapin Thoyras, ou son continuateur, convient, page 184. du XIIe. Tome de son histoire d'Angleterre, que ce convoi dissipé, fit presqu'autant de tort aux affaires de l'Archiduc, qu'en avoit fait la bataille d'Almanza.

tenir

tenir à mon tour le Roi, fur les circonftances de
cette action.

Je reçus alors une lettre très-obligeante de M. le
comte de Pontchartrain, qui me témoignoit la fatisfaction que Sa Majefté avoit de mes fervices, en
confidération defquels elle vouloit bien m'accorder une penfion de mille livres fur fon tréfor royal.
J'eus l'honneur de l'en remercier très-humblement;
mais je lui demandai en grace de faire tomber cette
penfion à M. de Saint-Auban, mon capitaine en
fecond, qui avoit eu une cuiffe emportée à l'abordage du *Cumberland*, & qui avoit plus befoin de
penfion que moi. J'ajoutai que je me trouverois
trop récompenfé, fi je pouvois, par mes très-humbles fupplications, obtenir l'avancement des officiers qui m'avoient fi valeureufement fecondé;
mais que fi le Roi me jugeoit digne de quelque
grace particuliere, j'efpérois de fa bonté qu'il voudroit bien m'accorder des lettres de nobleffe pour
mon frere aîné & pour moi, puifque je devois à
fon fecours & à fes foins tout ce que j'avois fait
d'eftimable, & l'honneur que j'avois d'être connu
de Sa Majefté, par les occafions qu'il m'avoit pro-
curées de fervir fans difcontinuation. M. le comte

de

de Pontchartrain trouva quelque difficulté à m'obtenir cette grace, ou plûtôt il jugea à propos de me la réferver pour récompenfe de quelque nouvelle action, croyant fans doute que cet objet me rendroit encore plus ardent ; mais il eft certain que je n'avois pas befoin d'être aiguillonné, & que le defir que j'avois de mériter les bontés du Roi, & d'être utile à l'Etat, étoit feul plus capable de m'animer, que toutes les récompenfes. Auffi ne m'étois-je porté à lui demander cette grace, que par rapport aux grandes obligations que j'avois à mon frere, dont le zéle pour le fervice du Roi étoit égal au mien. Malgré tous ces motifs, je n'infiftai pas, & crus devoir me rendre auprès de Sa Majefté, pour lui repréfenter de vive voix les fervices des officiers qui s'étoient diftingués fous mes ordres. Elle eut la bonté d'en avancer plufieurs, entr'autres M. le chevalier de-Beauharnois, M. le chevalier de Courferac, M. de la Jaille, M. de Saint-Auban, & quelques-autres.

Ce fut alors qu'ayant le bonheur d'entretenir le Roi du détail de mon dernier combat, je profitai avec empreffement de l'occafion, pour lui faire connoître toute la valeur de M. le chevalier de Tourouvre,

rouvre. Je lui fis une peinture fi vive de l'intrépidité de cet officier, que Sa Majefté fe tournant vers
M. de Bufca, lieutenant des gardes du corps, qui
avoit l'honneur de fervir auprès d'elle, lui demanda fi feu Ruyter, fon bon ami, en auroit fait autant. Il répondit qu'on ne pouvoit rien ajouter au
portrait que je venois de faire du mérite & de la
bravoure de M. de Tourouvre, & qu'il n'en étoit
pas furpris, ayant connu deux de fes freres dans
les troupes de terre de Sa Majefté, qui n'étoient pas
moins valeureux que celui-ci. M. le maréchal de
Villars, qui étoit auffi préfent, prit la parole, &
ajouta des particularités de leurs fervices très-avan-
tageufes, & qui faifoient connoître que la valeur
& la probité étoient héréditaires dans la maifon de
Tourouvre. Il pouvoit encore y joindre la modeftie ; car je n'ai de mes jours vû de guerrier, qui joignît à un fi haut point, cette derniere vertu à tant
d'intrépidité. J'ai été bien aife de faire connoître,
en rapportant tous ces détails, que l'émulation, entre gens d'honneur, ne les empêche point de fe rendre réciproquement juftice, avec une fatisfaction
intérieure, que les faux braves ne connoiffent pas.

J'étois fi pénétré des bontés & dés diftinctions

dont

dont le Roi avoit daigné m'honorer, & j'avois un
defir fi preffant de m'en rendre digne de plus en
plus, que je quittai bien-tôt le féjour de Verfailles,
pour aller chercher à combattre fes ennemis. J'a-
vois demandé, & j'obtins de Sa Majefté un plus
grand nombre de fes vaiffeaux, que je deftinois à
une expédition, dont je ne fis confidence à perfonne, parce que le fuccès dépendoit d'un profond fecret. Il s'agiffoit d'aller attendre la nombreufe flotte
du Brefil. J'avois reçu avis que les ennemis avoient
envoyé fept vaiffeaux de guerre au-devant d'elle,
& qu'ils croifoient fur les ifles des Açores, où elle
devoit paffer néceffairement, pour s'y rafraîchir,
& y prendre efcorte. Ainfi mon entreprife paroiffoit
immanquable à cet atterage, fi je pouvois armer
affez à temps pour me rendre fur ces côtes, avant
qu'elle y fût arrivée.

Je ne tardai donc pas à prendre congé du Roi;
& je me rendis en pofte à Breft, où je fis diligemment équiper les vaiffeaux le *Lis*, & le *Saint Michel* de foixante-quatorze canons chacun, l'*Achille*
de foixante-fix, la *Dauphine* de cinquante-fix, le *Jafon* de cinquante-quatre, la *Gloire* de quarante, l'*A-
mazone* de trente-fix, & l'*Aftrée* de vingt-deux. Ces
vaiffeaux

vaiſſeaux furent montés par M. de Geraldin, M. le
chevalier de Courſerac, M. le chevalier de Neſmond, M. le chevalier de Goyon, M. de Miniac,
M. de Courſerac l'aîné, M. de la Jaille, & M. de
Kerguelin. Preſque tous avoient déja ſervi ſous mes
ordres avec diſtinction. Je joignis à cette eſcadre une
corvette de ſtructure angloiſe de huit canons pour
ſervir de découverte. Je la confiai à un jeune homme de mes parens; & j'engageai une autre frégate
de Saint-Malo de trente canons, nommée le *Deſ-
maretz*, à venir me joindre dans la rade.

Nous mîmes à la voile; & nous fûmes nous placer à la hauteur de Lisbonne. Le capitaine d'un
vaiſſeau ſuedois, qui en ſortoit, me confirma ce
que j'avois appris de la flotte du Breſil, & me dit
que les ſept vaiſſeaux de guerre que le Roi de Portugal envoyoit au-devant d'elle, étoient partis depuis deux mois pour l'attendre ſur les iſles des Açores.
Nous cinglâmes de ce côté; & paſſant hors de la vûe
de ces iſles, nous fûmes nous placer à l'oueſt à quinze
lieues d'elles, vers l'endroit où devoit paſſer la flotte, pour éviter que ces ſept vaiſſeaux portugais, ou
les habitans des iſles n'euſſent connoiſſance de notre eſcadre, & n'envoyaſſent quelque vaiſſeau d'a-

S   vis

vis au-devant de cette flotte, pour lui faire prendre une autre route. Je détachai en même temps ma corvette angloife, pour aller faire le tour des ifles, & reconnoître les fept vaiffeaux en queftion, avec ordre de les bien examiner, & de venir me rendre compte de leurs forces, & des parrages où ils croiferoient. Elle les trouva à l'oueft du port de la Tercere, qui couroient bord à terre, & bord à la mer. Le capitaine me rapporta que cette efcadre étoit compofée de trois vaiffeaux portugais, trois anglois, & un hollandois ; qu'un des portugais étoit à trois ponts, & tous les autres depuis cinquante jufqu'à foixante-dix canons.

Nous demeurâmes conftamment près de trois mois fur ces parrages, fort étonnés de ne pas voir paroître la flotte, & renvoyant tous les quinze jours la corvette faire le tour des ifles ; elle me rapportoit toujours la même chofe des fept vaiffeaux de guerre. Enfin nous découvrîmes un vaiffeau venant de l'oueft, qui faifoit route pour fe rendre aux ifles, nous le pourfuivîmes, & ne pûmes le joindre, à caufe d'un brouillard & de la nuit qui furvint. Je ne doutai pas qu'il n'informât les vaiffeaux ennemis de notre croifiere, & que ceux-ci ne fe déterminaffent

naſſent à dépêcher un vaiſſeau d'avis au-devant de
la flotte , pour la détourner de ſa route ; & que par
conſéquent elle ne s'éloignât des iſles , pour éviter
d'être expoſée à notre inſulte. Cependant nos pro-
viſions d'eau commençoient à manquer ; en ſorte
que nous ne pouvions demeurer plus de quinze
jours à croiſer ſur ces parrages. Cette conſidération
me porta à aſſembler un conſeil compoſé de tous
les capitaines de l'eſcadre , auſquels je tâchai de
faire connoître la néceſſité où nous étions d'aller
attaquer , ſans différer , les ſept vaiſſeaux de guerre
ennemis,dans leſquels nous devions vrai-ſemblable-
ment trouver de l'eau , & aſſez de vivres pour prolonger notre croiſiere juſqu'à l'arrivée de la flotte.
J'ajoutois que ces vaiſſeaux , même ſeuls , ſuffi-
ſoient pour payer l'armement. Les Portugais étant
dans l'uſage d'avoir beaucoup de canons de fonte ;
& j'inſiſtois ſur ce qu'il étoit preſqu'impoſſible qu'ils
n'euſſent été informés de notre croiſiere , par ce
dernier vaiſſeau , que la nuit nous avoit fait manquer ; de maniere que ſi nous tardions davantage à
les aller chercher , il étoit indubitable que nous ne
les trouverions plus, & que nous tomberions dans
le cas de nous voir forcés, par la diſette d'eau, à re-

S 2   tourner

tourner en France, fans avoir rien fait, & ainfi à perdre notre armement en entier.

Ce raifonnement étoit naturel ; mais quelque démon, envieux de mon bonheur, empêcha tous les capitaines de l'efcadre, fans exception, de le goûter. Ils fe laifferent aller à l'avis de M. de Geraldin, qui étoit d'attendre conftamment la flotte fur cette croifiere. Ils difoient, pour leurs raifons, que cette flotte ne pouvoit manquer d'arriver inceffamment, le vent étant bon pour l'amener ; qu'en attaquant les fept vaiffeaux, il n'étoit point douteux qu'ils ne nous attendiffent de pied ferme, étant pour le moins auffi forts que nous ; que le fort des armes étoit incertain ; que fuppofant même que nous les réduififfions, cela ne pourroit fe faire fans que plufieurs de nos vaiffeaux ne fe trouvaffent défemparés, & peut-être hors d'état de tenir à la mer ; enfin qu'au pis aller, nous ferions toujours à portée de les attaquer ; ils ajoutoient que mes armateurs auroient lieu de me reprocher d'avoir préféré, dans cette occafion, ma gloire particuliere à leurs intérêts. Enfin, ils m'ébranlerent de façon, que pour ne pas paroître entier dans mes fentimens, je crus devoir leur accorder quelques jours.

Mais

Mais cette condefcendance ne m'empêchoit pas de fentir que je m'expofois, par leur confeil, à un malheur fans remede. C'eſt le feul confeil que j'aye tenu de ma vie, pour favoir s'il étoit à propos de combattre ; & fi j'en fuis le maître, ce fera le dernier.

Cependant je leur laiffai un ordre de combat, dans lequel étoient marqués les vaiffeaux que chaque capitaine devoit aborder, leur recommandant à tous de fe tenir préparés, & de me fuivre au premier fignal que je ferois. Chaque jour que je différois d'aller aux ennemis, me paroiffoit une année, & j'avois toujours dans l'efprit les fuites malheureufes de notre retardement, que je regardois comme inévitables. Enfin, au bout de quatre jours, n'y pouvant plus tenir, je mis le fignal de combat, & fis route pour les ifles. Auffi-tôt M. de Geraldin me dépêcha un officier pour me demander encore trois jours en grace, & les officiers de mon vaiffeau, qui m'étoient les plus affidés, féduits par l'attente de la riche flotte du Brefil, & par l'efpoir d'un butin immenfe, y joignirent des prieres fi preffantes, que j'eus encore la foibleffe d'y confentir.

Ces trois jours expirés, je fis route pour aller cher-

cher

cher les ennemis, & ne les trouvai plus, ainſi que je l'avois prévû. Mon embarras devint extrême ; je ne ſçavois ſi la flotte n'avoit point paſſé à la faveur de la nuit, & ſi après avoir joint les vaiſſeaux de guerre, elle n'avoit point continué ſa route pour Lisbonne, ſans s'arrêter aux iſles. Pour m'en éclaircir, je réſolus d'y faire une deſcente ; & pour cet effet ayant paſſé entre les iſles de Fayal, de Pico, & de Saint-Georges, je remarquai, en rangeant cette derniere, un port, au fond duquel étoit une aſ-ſez jolie ville, & quelques forts qui dominoient ſur la marine. Cet endroit me parut très-propre à mon deſſein ; & j'ordonnai un détachement de tou-tes nos chaloupes, chargées de ſept cens ſoldats ſous le commandement de M. le comte d'Arquien mon capitaine en ſecond, avec ordre de deſcendre à ter-re, & de ſe rendre maître de la ville. Avant que de faire partir ces chaloupes, j'avois envoyé tous nos canots faire une fauſſe attaque de l'autre côté, pour y attirer une partie de ces inſulaires. La véritable deſcente ſe fit ; & ceux des ennemis qui voulurent s'y oppoſer furent mis en fuite, & pourſuivis ſi chaudement, que nos troupes entrerent preſqu'auſ-ſi-tôt qu'eux dans la ville, qui étoit la capitale de

l'iſle

l'ifle de Saint-Georges. La plûpart des habitans l'a-
voient déja abandonnée , & les Religieufes même
s'étoient fauvées , & avoient gagné les montagnes.
Alors je fis porter à terre un grand nombre de futailles pour les remplir d'eau ; & je fis en même
temps enlever tout ce qui m'étoit néceffaire en
grains & en vins , dont les magafins de cette ville
regorgeoient.

Les prifonniers portugais que l'on fit , me dirent que les fept vaiffeaux de guerre ayant eu avis
par ce vaiffeau que nous avions manqué , & de
notre croifiere , & de nos forces , avoient quitté ces
parages depuis trois jours , & étoient retournés à
Lisbonne ; mais que la flotte du Brefil n'étoit pas
encore paffée , & qu'on ne favoit ce qui pouvoit
la retarder fi long-temps. Ce rapport me donna une
lueur d'efpérance qui s'évanouit bien-tôt. Nos vaiffeaux furent pris tout-à-coup d'une tempête qui en
mit plufieurs en danger de perir contre ces ifles , &
tous dans la néceffité de gagner le large. Cette tempête continua fi long-temps , que j'eus beaucoup
de peine à retirer les troupes de cette ville , dont
nous nous étions emparé , & que je me vis forcé
d'abandonner nos futailles , pour faire prompte-

ment

ment route vers les côtes d'Espagne. Mon unique espoir étoit de gagner le port de Vigo, assez à temps pour y faire de l'eau, & pour revenir attendre la flotte du Bresil, à la hauteur de Lisbonne. J'y donnai rendez-vous à tous les vaisseaux de l'escadre, en cas de séparation; mais nous fûmes si contrariés par les vents, & si pressés de la soif, que chaque vaisseau chercha à gagner le port qui lui parut le plus à sa portée; la *Dauphine*, le *Desmaretz*, & la corvette se séparerent les premiers de l'escadre, & retournerent en France; le *Saint-Michel*, le *Jason*, la *Gloire*, & l'*Amazonne* furent à Cadix; & pour moi j'arrivai à Vigo avec mon seul vaisseau, & l'*Achille*.

Cette flotte du Bresil avoit atterré aux isles des Açores huit jours après que j'en étois parti; & c'est une chose bien surprenante que mon escadre, composée d'excellens vaisseaux, ayant ces huit jours d'avance sur une flotte, qui n'alloit pas bien, n'ait pû, malgré tous mes efforts, arriver devant elle sur les côtes de Portugal; car la plus grande partie de la flotte étoit entrée dans Lisbonne ou dans les ports voisins, à peu près dans le même temps que j'entrois dans celui de Vigo. J'étois occupé à y

faire

faire de l'eau, lorfqu'un vaiffeau de cette flotte, pouffé par la tempête, vint échouer à quatre lieues de nous dans le port de Ponténédro, & fut pris par les Efpagnols. Je fortis de Vigo le plus promptement qu'il me fut poffible, & je fis deux petites prifes de cette même flotte ; tout le refte étoit déja rentré dans fes ports, comme je viens de le dire. Ainfi mon armement fut entierement perdu, & mes vivres étant confommés, je revins défarmer à Breft avec le *Lis*, & l'*Achille*.

M. de Geraldin, qui, par notre féparation fe trouva commandant des vaiffeaux le *Saint-Michel*, le *Jafon*, la *Gloire*, & l'*Amazonne*, étant arrivé dans Cadix, & s'y étant muni d'eau & de vivres, fit en retournant à Breft trois autres petites prifes Angloifes, qui ne payerent pas la dépenfe de fa relâche.

La perte entiere de cet armement, dans lequel nous avions rifqué, mon frere & moi, une bonne partie de notre petite fortune, nous mit hors d'état de continuer des armemens auffi confidérables.

Cependant je remis en mer avec le vaiffeau l'*Achille*, & les frégates l'*Amazonne*, la *Gloire*, & l'*Aftrée*, montées par M. le chevalier de Courferac, M. de la Jaille, & M. de Kerguelin. J'étois infor-

1708.

1709.

T   mé

mé qu'une flotte de foixante voiles devoit bien-tôt fortir de Kingfal, fous l'efcorte de trois vaiffeaux de guerre anglois de foixante-dix, foixante, & cinquante-quatre canons, pour fe rendre en différens ports d'Angleterre. J'allai croifer fur fon paffage, & je la découvris à la vûe du cap Lezard. La mer étoit trop agitée, & le vent trop fort pour hafarder de les aborder; d'un autre côté les ennemis étoient fi fupérieurs en artillerie, qu'il y auroit eu de la témérité à prétendre de les réduire par le canon. Cependant je confidérai que, pareilles occafions ne fe rencontrant pas fréquemment, il falloit les faifir, quand elles fe préfentoient; que la fortune aidoît fouvent la valeur un peu téméraire, & qu'enfin le vent pourroit s'appaifer pendant l'action.

Ces réflexions faites, je fis fignal à l'*Aftrée* de donner dans la flotte; & je m'avançai avec l'*Achille*, l'*Amazonne*, & la *Gloire*, pour livrer le combat aux trois vaiffeaux qui m'attendoient en ligne au vent de leur flotte. Je donnai en paffant ma bordée de canon & de moufqueterie au vaiffeau de l'arriere du commandant; & pouffant ma pointe, j'abordai ce dernier de long en long. L'agitation des vagues ne me permit pèrmit pas de jetter un feul homme à fon bord ; 1709. & même les deux vaiffeaux abordés fe féparerent, malgré mes précautions. Je revins jufqu'à trois fois tenter cet abordage , fans pouvoir y tenir, ni faire fauter perfonne de mon équipage dans ce vaiffeau ; mais le feu de mon canon & de ma moufqueterie, & d'un très-grand nombre de grenades, fut exécuté fi vivement, que fes ponts & fes gaillards furent couverts de morts , & même abandonnés ; fes ver- gues de mifaine & de petit hunier coupées ; en un mot je le mis hors d'état de manœuvrer & de fe dé- fendre.

Dans cet intervalle l'*Amazonne*, & la *Gloire* com- battoient de leur côté les deux autres vaiffeaux an- glois : elles étoient trop foibles de bois pour les aborder par un fi mauvais temps , fans courir un rif- que évident de perir. Ce combat d'ailleurs étoit trop défavantageux pour elles au canon ; auffi fu- rent-elles fort maltraitées,& elles l'auroient été bien davantage, fi je ne les avois fecourues par interval- les , en partageant mon feu fur les vaiffeaux qui les combattoient. Cette attention ne put empêcher que la *Gloire* ne demeurât tout-à-fait défemparée , avec perte d'un grand nombre d'hommes. M. de la Jaille

T 2 qui

qui la commandoit, vint me paffer à pouppe, & me pria de le couvrir, afin qu'il pût travailler à fe rétablir.

Je n'étois guére moins maltraité, ayant reçu entr'autres un boulet qui traverfoit ma foute aux poudres, lefquelles commençoient à fe mouiller. L'inquiétude que j'en devois avoir, ne m'empêcha pas de répondre à mon camarade qu'il eût à fe placer à une portée de fufil fous le vent de mon vaiffeau, & qu'il pouvoit travailler en sûreté à fe bien rétablir. En effet, les trois vaiffeaux ennemis étoient battus & délabrés, de façon à n'en devoir rien craindre. Comme l'*Amazonne* me parut encore en affez bon état, je fis fignal à M. le chevalier de Courferac, qui la montoit, de donner dans la flotte. Il le fit, & amarina cinq bons vaiffeaux chargés de tabac, fans que les vaiffeaux de guerre ennemis ofaffent faire aucun mouvement pour l'en empêcher. J'étois à demi-portée de canon d'eux, avec la frégate la *Gloire*, prêt à donner deffus, s'ils avoient branlé. J'eûs même l'audace de faire baiffer les voiles à quatorze navires marchands de leur flotte, que je plaçai entre la *Gloire* & moi, à deffein de les amariner auffi-tôt que nos chaloupes, criblées

de

de coups de canon, pourroient se trouver un peu
rajustées. Mais il survint tout-à-coup un si violent
orage, que la *Gloire* en fut démâtée, & mon vaisseau couché le plat-bord à l'eau, en danger évident
d'être abîmé, si les écoutes de mes huniers ne s'é-
toient pas rompues. Au moyen de cet incident les
quatorze vaisseaux, que j'avois à ma disposition, ne
balancerent pas à arriver vent arriere sur la côte
d'Angleterre, & passerent sous mon beaupré, sans
que je pusse les en empêcher. Les trois vaisseaux de
guerre les imiterent ; & ce qu'il y eut de plus fâcheux, c'est que l'*Astrée*, qui dès le commencement avoit donné dans la flotte, avoit brisé sa chaloupe, en la mettant à la mer, & n'avoit pû, à
cause de la grosse vague, aborder une seule de plusieurs prises qu'elle avoit arrêtées ; ainsi ces prises
n'étant point amarinées, profiterent de l'orage, &
se sauverent avec les autres. Après ce combat, la
tempête devint encore plus affreuse, & nous sépara
tous. Deux de nos prises arriverent à Saint-Malo
avec l'*Amazonne*, & l'*Astrée;* une autre se sauva dans
Calais ; & deux firent naufrage sur la côte d'Angleterre. Je fus aussi sur le point de périr, & j'eus toutes
les peines du monde à gagner le port de Brest avec

la

1709.

la frégate la *Gloire*, tous deux en fort mauvais état.

Après les y avoir fait raccommoder, nous retournâmes en croisiere à l'entrée de la Manche ; & nous y vîmes, comme la nuit se formoit, un gros vaisseau qui couroît, vent arriere, vers les côtes d'Espagne. J'observai sa manœuvre ; & réglant les miennes dessus, je le joignis à onze heures du soir ; je le conservai toute la nuit, & mis un feu à pouppe, afin que la *Gloire*, qui n'alloit pas si bien que mon vaisseau, ne me perdît pas de vûe. Dès que le jour parut, je m'avançai sur ce vaisseau étranger ; il arbora pavillon Anglois ; & ayant établi une batterie de six canons à l'arriere de sa pouppe, j'en essuyai plusieurs décharges, qui tuerent quantité de mes gens, & incommoderent fort mes mâts & mes voiles, parce que fuyant toujours, & allant aussi bien que moi, je fus assez long-temps sans pouvoir le joindre à portée du pistólet. Quand il me vit prêt à l'aborder, il brasseya tout d'un coup ses voiles de l'arriere ; & bordant son artimon, poussa son gouvernail à venir au vent, dans la vûe de mettre mon beaupré dans ses grands haubans. Attentif à sa manœuvre & à son gouvernail, je fis orienter mes voiles avec la même promptitude ; &

venant

venant auſſi tout d'un coup au vent , j'évitai cet 1709.
abordage dangereux , & je l'abordai lui-même de
long en long. Mes grapins furent accrochés au milieu de nos bordées de canon , de mouſqueterie ,
& de grenades ; & ce vaiſſeau fut enlevé en moins
de trois quarts d'heure ; mais par le mouvement
qu'il avoit fait de mettre mon beaupré dans ſes
haubans , & par celui que j'avois fait moi-même
pour l'éviter , il étoit arrivé que les deux vaiſſeaux ,
en préſentant le côté au vent , avoient plié davantage , de maniere que tous mes canons ſe trouverent pointés à couler bas ; & mes canonniers n'ayant
pas le temps d'en laiſſer tomber la culaſſe , tous
leurs coups donnerent dans la caréne du vaiſſeau
ennemi. Quand ſon pavillon fut baiſſé , je fis pouſſer au large ; & un inſtant après il vint paſſer à ma
pouppe , pour m'avertir qu'il alloit couler bas , ſi
je ne lui envoyois un prompt ſecours. Je fis mettre ſur le champ la chaloupe à la mer , avec deux
bons officiers , & un nombre ſuffiſant de calfas , &
de charpentiers pour ſauver ce vaiſſeau , qui étoit
de ſoixante canons , & tout neuf : il s'appelloit le
Briſtol.

Dans ce même inſtant la *Gloire* me joignit , &
ſe

se mit en devoir d'envoyer aussi sa chaloupe ; mais au milieu de cette occupation , il parut tout d'un coup une escadre de quatorze vaisseaux de guerre anglois à trois lieues sur nous , avec tant de vîtesse , que je n'eûs pas même le temps de retirer mes gens du *Bristol* ; il fut dans un moment entouré d'ennemis , & coula bas au milieu d'eux. La moitié des François & des Anglois qui étoient dedans , fut noyée ; le reste fut sauvé par les chaloupes des Anglois. M. de Sabrevois , premier lieutenant de mon vaisseau , officier plein de mérite , fut du nombre des malheureux ; & MM. de Cussy , & de Noilles , enseignes , se sauverent à la nage. Outre cette perte , j'eûs dans cette action quatre-vingts hommes hors de combat; M. de la Harteloire , fils du lieutenant général de ce nom , jeune homme plein de valeur , fut tué en se présentant des premiers à l'abordage ; & il y eut encore deux autres officiers blessés.

Du moment que j'eus connoissance de cette escadre , j'arrivai vent arriere avec la *Gloire* ; mes mâts & mes voiles étoient fort maltraités ; mes deux vergues de civadiere brisées ; mon grand mât de hune percé de deux boulets , & mes deux basses voiles si

hachées ,

hachées, que je fus obligé de les changer, en pré- 1709.
fence des ennemis. Ils nous joignirent bien-tôt à
portée du canon ; M. de la Jaille, qui connoiſſoit
la ſituation où ſa frégate alloit le mieux, jugea à
propos de prendre chaſſe entre les deux écoutes. La
connoiſſance, que j'avois auſſi de mon vaiſſeau,
m'engagea à tenir un peu plus le vent. Notre ſort
fut bien différent, tout délabré que j'étois, j'eus le
bonheur d'échapper aux ennemis ; mais trois ou
quatre de leurs vaiſſeaux les plus vîtes joignirent
la *Gloire* ; M. de la Jaille réſiſta juſqu'à l'extrêmité,
& remplit tous ſes devoirs avec ſa valeur ordinaire :
il fut enfin contraint de céder à des forces ſi ſupé-
rieures. Le lendemain de ce combat & de cette
chaſſe, je trouvai une frégate angloiſe qui ſortoit
de la Manche, je m'en rendis maître, & la conduiſis dans le port de Breſt, où je déſarmai.

A peu près dans ce temps-là le feu Roi, ſatis-
fait de la continuation de mon zéle, ſe porta de
lui-même à nous accorder, à mon frere & à moi,
des lettres de nobleſſe les plus diſtinguées ; & cette
grace nous fit d'autant plus de plaiſir, que nous
n'oſions preſque plus nous y attendre. Nous avions
même pris des meſures pour recouvrer des titres &

V des

des papiers, que mon frere avoit été obligé de laisser, en s'enfuyant avec précipitation de Malaga en Espagne, où il étoit consul de France, lors de la déclaration de la guerre en 1689. Ce consulat avoit été possédé de pere en fils par ma famille pendant plus de deux cens ans; & nous nous flattions de trouver dans ces papiers de quoi prouver, & faire renaître la noblesse de notre extraction, dont j'avois souvent entendu parler dans mon enfance. Quoi qu'il en soit, la bonté du Roi nous épargna des soins, peut-être inutiles; & nous nous tenons plus glorieux, mon frere & moi, d'avoir pû mériter notre noblesse de la bonté d'un si grand Monarque, que si nous la devions à nos ancêtres, d'autant plus que Sa Majesté voulut qu'on insérât dans ces lettres les services de mon frere, & la plûpart des miens. Je ne tardai pas à me rendre auprès d'elle, pour lui en rendre mes très-humbles actions de graces, & pour avoir l'honneur de lui faire en même temps ma cour; mais cela ne m'empêcha pas de faire armer le *Jason*, l'*Amazonne*, & l'*Astrée*, sous le commandement de M. de Courserac, qui s'en acquitta fort dignement, fit plusieurs prises, & revint désarmer à Brest.

Mon

Mon féjour à Verfailles ne fut pas long. J'étois
perfuadé qu'en cherchant les ennemis du Roi, je
lui faifois infiniment mieux ma cour, qu'en faifant le perfonnage de courtifan, auquel je n'étois
pas propre; ainfi je pris congé de Sa Majefté, & je
retournai à Breft, où je fis armer le *Lis*, l'*Achille*,
la *Dauphine*, le *Jafon*, & l'*Amazonne*. Je montai le
Lis; & les quatre autres furent montés par M. le
comte d'Arquien, M. le chevalier de Courferac,
M. de Courferac l'aîné, & M. de Kerguelin.

J'avois reçu avis que cinq vaiffeaux anglois, venant des Indes orientales, devoient aborder à la
côte d'Irlande, fous l'efcorte de deux vaiffeaux de
guerre de foixante-dix canons. La richeffe immenfe
de ces cinq vaiffeaux avoit porté l'amirauté d'Angleterre à en faire partir deux autres de foixante-fix
canons chacun, pour aller au-devant d'eux. Je mis
à la voile avec ces inftruétions; & j'établis ma croifiere un peu au large de la côte d'Irlande. Je ne
tardai pas à y rencontrer un des vaiffeaux dépê-
chés par l'amiral d'Angleterre; je le joignis avant
qu'aucun de mes camarades pût arriver à fa portée,
& je m'en rendis maître en moins d'une heure de
combat. Ce vaiffeau, nommé le *Glocefter*, que je

1710.

V 2

trouvai

trouvai effectivement monté de foixante-fix canons, comme on me l'avoit marqué, étoit tout
neuf, & comme il alloit fort bien, il me parut propre à croifer avec nous. Je choifis, pour le commander, M. de Nogent capitaine en fecond fur
mon vaiffeau, officier de mérite & de valeur, s'il
en fut jamais; & je le fis armer d'un bon nombre
d'officiers, de foldats, & de matelots, afin qu'il fût
en état de combattre avec nous dans l'occafion. J'a-
vois trouvé dans ce vaiffeau les inftructions de l'a-
miral d'Angleterre touchant fa deftination.

Peu de jours après je vis fon camarade, que je
pourfuivis, & qui fe fauva à la faveur de la nuit. Ce
début me fit efpérer que ces riches vaiffeaux des Indes ne m'échapperoient pas; mais j'eus le malheur
de tomber malade d'une diffenterie qui me mit à
l'extrêmité. Pour comble d'infortune, nous effuyâ-
mes pendant quinze jours un brouillard fi épais,
que tous les vaiffeaux de l'efcadre ne fe voyant plus,
étoient obligés de fe conferver par des fignaux con-
tinuels de canons, de fufil, de cloches, & de tam-
bours. Les vaiffeaux des Indes furent affez heureux
pour paffer juftement dans ce temps-là, de forte
que nous n'en eûmes aucune connoiffance. Le pref-
fentiment

fentiment que j'en avois, me tourmentoit encore plus que mon mal. Dès que ce malheureux brouillard fut diffipé, je courus à toutes voiles fur la côte d'Irlande; & j'arrivai précifément à la vûe du cap de Clare, le même jour que les vaiffeaux des Indes atterroient à cette côte. Nous les vîmes du haut de nos mâts, qui entroient dans les ports de Cork, & de Kingfal. Il étoit même refté de l'arriere d'eux un vaiffeau de guerre de trente-fix canons, que le *Jafon* approcha à la portée du canon; il lui tira plufieurs bordées, fans pouvoir l'empêcher de fe réfugier parmi des écueils, qui nous étoient inconnus, & de pénétrer dans le fond d'un port, dont l'entrée paroiffoit très-dangereufe. Tant de contretemps nous ayant fait manquer une fi belle occafion, le refte de la campagne fe paffa à peu près de même; je fis feulement une prife chargée de tabac, & mes vivres étant finis, j'allai défarmer à Breft. On m'y débarqua mourant; & je fus très-long-temps fans pouvoir me rétablir; enfin la nature furmonta le mal, & me remit en état d'aller à Verfailles pour y faire ma cour au Roi.

Ce fut dans ce voyage que je commençai à former une entreprife fur la colonie de Rio-Janeiro, l'une

1710.

1711.

l'une des plus riches & des plus puiſſantes du Breſil. M. du Clerc, capitaine de vaiſſeau, avoit déja
tenté cette expédition avec cinq vaiſſeaux du Roi,
& environ mille ſoldats des troupes de la marine;
mais ces forces n'étant pas à beaucoup près ſuffi-
ſantes pour exécuter un tel projet, il y étoit demeuré priſonnier avec ſix ou ſept cens hommes; le ſur-
plus avoit été tué à l'aſſaut qu'il avoit donné à la
ville & aux fortereſſes de Rio-Janeiro.

Depuis ce temps-là le Roi de Portugal en avoit
fait augmenter les fortifications, & y avoit envoyé
en dernier lieu quatre vaiſſeaux de guerre de cinquante-ſix à ſoixante-quatorze canons, & trois frégates de trente-ſix à quarante canons chargées d'artillerie, de munitions de guerre, & de cinq régimens compoſés de ſoldats choiſis, ſous le commandement de dom Gaſpard d'Acoſta, afin de mettre
cet important pays abſolument hors d'inſulte.

Les nouvelles par leſquelles on avoit appris la
défaite de M. du Clerc & de ſes troupes, diſoient
que les Portugais, inſolens vainqueurs, exerçoient
envers ces priſonniers toutes ſortes de cruautés;
qu'ils les faiſoient mourir de faim & de miſere dans
des cachots, & même que M. du Clerc avoit été

aſſaſſiné,

affaſſiné, quoiqu'il ſe fût rendu à compoſition. Toutes ces circonſtances, jointes à l'eſpoir d'un butin
immenſe, & ſur-tout à l'honneur qu'on pouvoit acquérir dans une entrepriſe ſi difficile, firent naître
dans mon cœur le deſir d'aller porter la gloire des
armes du Roi juſques dans ces climats éloignés, &
d'y punir l'inhumanité des Portugais par la deſtruc-
tion de cette floriſſante colonie. Je m'adreſſai pour
cela à trois de mes meilleurs amis, qui de tout temps
m'avoient aidé de leurs bourſes & de leur crédit dans
les différentes expéditions que j'avois formées. C'é-
toit M. de Coulange, aujourd'hui maître d'hôtel
ordinaire du Roi, & controlleur général de la mai-
ſon de Sa Majeſté, MM. de Beauvais, & de la
Sandre-le-Fer, de Saint-Malo, tous trois fort eſti-
més & très-accrédités. Je leur confiai mon entrepriſe, & les engageai à être directeurs de cet armement. Mais l'importance & l'étendue de l'expédition exigeant des fonds très-conſidérables, nous
fûmes obligés de nous confier à trois autres riches
négocians de Saint-Malo, qui étoient MM. de Belle-
Iſle-Pepin, de l'Eſpine-d'Anican, & de Chapde-
laine, ce qui faiſoit, y compris mon frere, ſept
directeurs. Je leur fis voir un état des vaiſſeaux,

des

1711.

des officiers, des troupes, des équipages, des vivres, & de toutes les munitions néceffaires, fuivant lequel la mife hors de cet armement, non compris les falaires payables au retour, devoit monter à douze cent mille livres.

M. de Coulange vint me joindre à Verfailles, afin d'arrêter un traité en forme, & d'obtenir du miniftre les conditions effentiellement néceffaires au fuccès de mon projet. Il eut befoin d'une patience à l'épreuve, & d'une grande dextérité, pour lever toutes les difficultés qui s'y oppofoient. A la fin il y réuffit ; & M. le comte de Touloufe, amiral de France, ne dédaigna pas d'y prendre un affez gros intérêt ; en forte que fur le compte que ce Prince, & M. de Pontchartrain en rendirent au Roi, Sa Majefté l'approuva, & voulut bien me confier fes vaiffeaux & fes troupes, pour aller porter le nom François dans un nouveau monde.

Auffi-tôt que cette réfolution eut été prife, nous nous rendîmes à Breft, mon frere & moi, & nous y fîmes diligemment équiper les vaiffeaux le *Lis*, & le *Magnanime* de foixante-quatorze canons chacun, le *Brillant*, l'*Achille*, & le *Glorieux*, tous trois de foixante-fix canons, la frégate l'*Argonaute* de

quarante-fix

1711.

quarante-fix canons, l'*Amazonne*, & la *Bellone*, autres frégates de trente-fix canons chacune; la *Bel_
lone* étoit équipée en galiote avec deux gros mortiers, l'*Aftrée* de vingt-deux canons, & la *Concorde*
de vingt. Cette derniere étoit de quatre cens tonneaux, & devoit fervir de vivandier à la fuite de
l'efcadre; elle étoit principalement chargée de futailles pleines d'eau.

Je choifis pour monter les vaiffeaux, M. le chevalier de Goyon, M. le chevalier de Courferac,
M. le chevalier de Beauve, M. de la Jaille, & M. le
chevalier de Bois-de-la-Motte. M. de Kerguelin
monta la frégate l'*Argonaute*, & les trois autres
furent confiées à M. de Chenais-le-Fer, de Ro-
gon, & de Pradel-Daniel, tous trois de Saint-
Malo, & parens des principaux directeurs de l'armement.

Je fis en même-temps armer à Rochefort le *Fidéle* de foixante canons, fous le commandement
de M. de la Moinerie-Miniac, fous prétexte d'aller
en courfe, comme il lui étoit ordinaire. L'*Aigle*,
frégate de quarante canons, y fut auffi équipée &
montée par M. de la Mare-Decan, comme pour
aller aux ifles de l'Amerique; & je fis préparer fous

X

main

1711.

main deux traverſiers de la Rochelle, équipés en galiotes, avec chacun deux mortiers.

Le vaiſſeau le *Mars* de cinquante-ſix canons, fut pareillement armé à Dunkerque, & monté par M. de la Cité-Danican, ſous prétexte d'aller en courſe dans les mers du nord, comme il faiſoit ordinairement, me ſervant pour tous ces armemens de perſonnes que je faiſois agir indirectement.

Je donnai toute mon attention à faire préparer de bonne heure, avec tout le ſecret poſſible, les vivres, munitions, tentes, outils, enfin tout l'attirail néceſſaire pour camper, & pour former un ſiége. J'eus ſoin auſſi de m'aſſûrer d'un bon nombre d'officiers choiſis, pour mettre à la tête des troupes, & pour bien armer tous ces vaiſſeaux. M. de Saint-Germain, major de la marine à Toulon, fut nommé par la cour pour ſervir de major ſur l'eſcadre; & ſon activité, jointe à ſon intelligence, me fut d'un ſecours infini pendant le cours de cette expédition.

Indépendemment de ces préparatifs, & de tous les vaiſſeaux que nous faiſions armer, mon frere & moi, nous en engageâmes deux autres de Saint-Malo, qui étoient relâchés aux rades de la Rochelle,

chelle, le *Chancelier* de quarante canons, monté par
M. Danican-du-Rocher, & la *Glorieuſe* de trente
par M. de la Perche. Les ſoins que nous prîmes pour
accélérer toutes choſes, furent ſi vifs & ſi bien mé-
nagés, que malgré la diſette où étoient les magaſins du Roi, tous les vaiſſeaux de Breſt & de Dunkerque ſe trouverent prêts à mettre à la voile dans
deux mois, à compter du jour de mon arrivée à
Breſt.

J'avois eu avis qu'on travailloit en Angleterre à
mettre en mer une forte eſcadre; & ne doutant pas
que ce ne fût pour venir me bloquer dans la rade
de Breſt, je changeai le deſſein où j'étois d'y attendre le reſte de mon eſcadre, en celui de l'aller
joindre aux rades de la Rochelle, ne voulant pas
même donner à mes vaiſſeaux le temps d'être entierement prêts. En effet, je mis à la voile le trois du
mois de juin; & deux jours après il parut à l'entrée du port de Breſt une eſcadre de vingt vaiſſeaux
de guerre anglois, dont quelques-uns s'avancerent
juſques ſous les batteries, & prirent deux batteaux
de pêcheurs, qui les informerent de ma ſortie; d'où
il eſt aiſé de juger que ſans l'extrême diligence qui
fut apportée à cet armement, & le parti que je pris

1711.

X 2   de

de mettre tout d'un coup à la voile , l'entreprife étoit échouée.

J'arrivai le fixiéme aux rades de la Rochelle; j'y trouvai le *Fidéle* , les deux traverfiers à bombes , & les deux frégates de Saint Malo prêtes à me fuivre.

Le neuviéme du mois je remis à la voile avec tous les vaiffeaux raffemblés , à l'exception de la frégate l'*Aigle* , qui avoit befoin d'un fouflage pour être en état de tenir la mer ; je lui donnai rendez-vous à l'une des ifles du cap Verd , où je devois , fuivant les mémoires que l'on m'avoit donnés , faire aifément de l'eau , & trouver des rafraîchiffemens.

Le vingt-un je fis une petite prife angloife fortant de Lisbonne , que je jugeai propre à fervir à la fuite de l'efcadre.

Le deux Juillet je mouillai à l'ifle Saint-Vincent , l'une de celles du cap Verd , où la frégate l'*Aigle* vint me joindre. J'y trouvai beaucoup de difficulté à faire de l'eau , & très-peu d'apparence d'y avoir des rafraîchiffemens ; ainfi je remis à la voile le fixiéme , avec le feul avantage d'avoir mis toutes les troupes à terre , & de leur avoir fait connoître l'ordre & le rang qu'elles devoient obferver à la defcente.

Je

Je paſſai la ligne le onze du mois d'Août , après avoir eſſuyé pendant plus d'un mois des vens ſi contraires & ſi frais , que tous les vaiſſeaux de l'eſcadre , les uns après les autres , démâterent de leur mât de hune.

Le dix-neuf j'eus connoiſſance de l'iſle de l'Aſcenſion , & le vingt-ſept me trouvant à la hauteur de la baye de tous les Saints , j'aſſemblai un conſeil, dans lequel je propoſai d'y aller prendre ou brûler , chemin faiſant , ce qui s'y trouveroit de vaiſſeaux ennemis ; pour cet effet je me fis rendre compte de la quantité d'eau qui reſtoit dans tous les vaiſſeaux de l'eſcadre ; mais il s'en trouva ſi peu , qu'à peine ſuffiſoit-elle pour nous rendre à Rio-Janeiro ; ainſi il fut décidé que nous continuerions notre route , pour aller en droiture à notre deſtination.

Le onze Septembre on trouva fonds , ſans avoir cependant connoiſſance de terre. Je fis mes remarques là-deſſus , & ſur la hauteur que l'on avoit obſervée , après quoi profitant d'un vent frais , qui s'éleva à l'entrée de la nuit , je fis forcer de voiles à tous les vaiſſeaux de l'eſcadre malgré la brume & le mauvais temps , afin d'arriver , comme je fis , à la pointe du jour , préciſément à l'entrée de la baye de Rio-
Janeiro.

1 7 1 1.

Janeiro. Il étoit évident que le fuccez de cette expédition dépendoit de la promptitude, & qu'il ne
falloit pas donner aux ennemis le temps de fe reconnoître. Sur ce principe, je ne voulus pas m'arrêter à envoyer à bord de tous les vaiffeaux les ordres que chacun devoit obferver en entrant, les momens étoient trop précieux: j'ordonnai donc à M. le
chevalier de Courferac, qui connoiffoit un peu l'entrée de ce port, de fe mettre à la tête de l'efcadre,
& à MM. de Goyon, & de Beauve, de les fuivre.
Je me mis après eux, me trouvant de cette façon
dans la fituation la plus convenable pour obferver
ce qui fe paffoit à la tête & à la queue, & pour y
donner ordre. Je fis en même temps fignal à MM. de
la Jaille, & de la Moinerie-Miniac, & enfuite à
tous les capitaines de l'efcadre, fuivant le rang &
la force de leurs vaiffeaux, de s'avancer les uns
après les autres. Ils exécutérent cet ordre avec tant
de régularité, que je ne puis affez élever leur valeur
& leur bonne conduite : je n'en excepte pas même
les maîtres des deux traverfiers, & de la prife angloife, qui, fans changer de route, effuyérent le
feu continuel de toutes les batteries, tant eft grande
la force du bon exemple. M. le chevalier de Courferac,

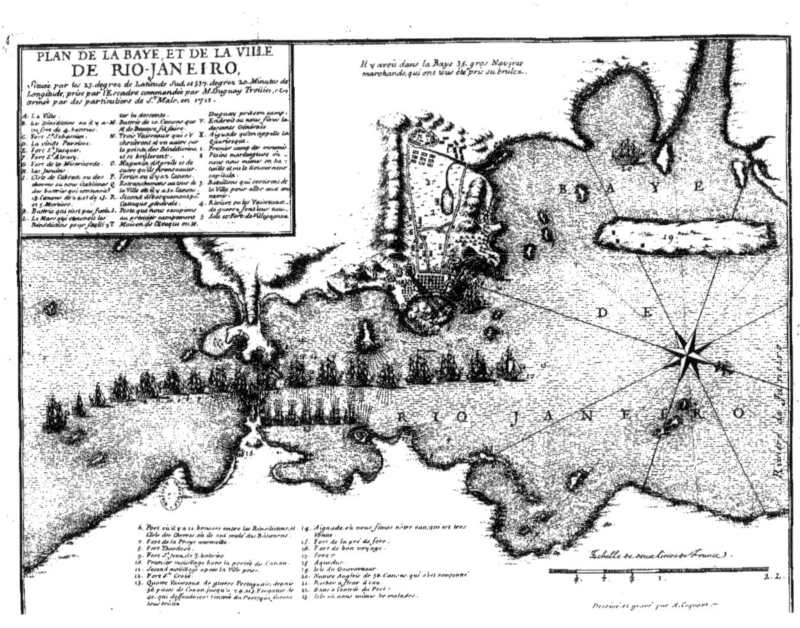

PLAN DE LA BAYE, ET DE LA VILLE
DE RIO-JANEIRO,
Situëe par les 23. degrez de Latitude Sud, et 337. degrez 20. Minutes de
Longitude; prise par l'Escadre commandée par M. Duguay Trouïn, et
armée par des particuliers de S.t Malo, en 1711.

A. La Ville.
B. Les Bénédictins ou il y a M. un fort de 4. batteries.
C. Fort S.t Sebastien.
D. La vieille Pointiere.
E. Fort S.t Jacques.
F. Fort S.t Alouisy.
G. Fort de la Misericorde.
H. Les Jesuites.
I. L'Isle de Cabras, ou des chevres ou nous établimes des batteries qui contenoient 13. Canons de 24. et de 13. et 5. Mortiers.
K. Batterie qui nest pas finie.
L. Le Mare qui couvroit les Bénédictins pour faciliter la descente.
M. Batterie de 10. Canons que M. de Beauve fit faire.
N. Trois Vaisseaux qui echoüerent et un autre sur la pointe des Bénédictins, et se bruslerent.
O. Magazin d'Agreils et de guerre qu'ils firent sauter.
P. Fortin ou il y a 2. Canons.
Q. Retranchemens autour de la Ville ou il y a 50. Canon.
R. Second débarquement pour l'attaque générale.
S. Poste que nous occupions au premier campement.
T. Maison de Obsecques ou M.

Duguay prit son camp.
V. Endroit ou nous fimes la descente Générale.
X. Aiguade qu'on appelle le Quariocqui.
1. Premier camp des ennemis.
2. Plaine marécageuse où nous nous mimes en bataille et ou le Gouverneur capitula.
3. Bataillons qui sortirent de la Ville pour aller aux ennemis.
4. Riviere ou les Vaisseaux de guerre font leur eau.
5. Isle et Fort de Villegagnon.

Il y avoit dans la Baye 35. gros Navires marchands, qui ont tous été pris ou brulez.

BAYE DE RIO JANEIRO

Riviere de Janeiro

6. Port ou il y a 12. brasses entre les Bénédictins et L'Isle des Chevres ou ils ont roulé des Bâtimens.
7. Fort de la Praye vermeille.
8. Fort Theodozé.
9. Fort S.t Jean de 3. batteries.
10. Premier mouillage dans la prise du Canon.
11. Second mouillage apres la Ville prise.
12. Fort S.t Croix.
13. Quatre Vaisseaux de guerre Portugais, depuis 56. pieces de Canon jusqu'à 74. et 3. Fregates de 40. qui defendoient l'entrée du Port, qui furent tous brulez.
14. Aiguade où nous fimes nôtre eau, qui est tres bonne.
15. Fort de la pré de fore.
16. Fort de bon voyage.
17. Fore.
18. Aquedur.
19. Isle du Gouverneur.
20. Navire Anglois de 30. Canon qui s'est consumé.
21. Rocher a fleur d'eau.
22. Banc a l'entrée du Port.
23. Isle ou nous mimes les malades.

Echelle de deux Lieües de France.

Dessiné et gravé par A. Coquart.

serac, fur-tout, fe couvrit dans cette journée d'une
gloire éclatante par fa bonne manœuvre, & par la
fierté avec laquelle il nous fraya le chemin, en effuyant le premier feu de toutes les batteries.

Nous forçâmes donc de cette maniere l'entrée de
ce port, qui étoit défendue par une quantité prodigieufe d'artillerie, & par les quatre vaiffeaux &
les trois frégates de guerre, que j'ai marqué ci-def-
fus avoir été envoyées par le Roi de Portugal pour
la défenfe de la place. Ils s'étoient tous traverfés à
l'entrée du port, mais voyant que le feu de leur
artillerie, foutenu de celui de tous leurs forts, n'a-
voient pas été capables de nous arrêter, & que nous
allions bien-tôt être à portée de les aborder, & de
nous emparer d'eux, ils prirent le parti de couper
leurs cables, & de s'échouer fous les batteries de la
ville. Nous eûmes dans cette action environ trois
cens hommes hors de combat; & afin qu'on puiffe
juger fainement du mérite de cette entrée, j'ex-
poferai ici quelle eft la fituation de ce port; & j'y
joindrai celle de la ville, & de fes fortereffes.

La baye de Rio-Janeiro eft fermée par un gou-
let, d'un quart plus étroit que celui de Breft: au
milieu de ce détroit eft un gros rocher, qui met

les

1711.

les vaiffeaux dans la néceffité de paffer à portée du fufil des forts qui en défendent l'entrée des deux côtés.

A droite eft le fort de Sainte-Croix, garni de quarante-huit gros canons, depuis dix-huit jufqu'à quarante-huit livres de balle, & une autre batterie de huit pieces, qui eft un peu en dehors de ce fort.

A gauche eft le fort de Saint-Jean, & deux autres batteries de quarante-huit pieces de gros canons, qui font face au fort de Sainte-Croix.

Au dedans à l'entrée à droite eft le fort de Notre-Dame de bon Voyage, fitué fur une prefque-ifle, & muni de feize pieces de canons de dix-huit à vingt-quatre livres de balle.

Vis-à-vis eft le fort de Villegagnon, où il y a vingt pieces du même calibre.

En avant de ce dernier fort eft celui de Sainte-Theodore de feize canons, qui battent la plage. Les Portugais y ont fait une demie-lune.

Après tous ces forts on voit l'ifle des Chevres, à portée du fufil de la ville, fur laquelle eft un fort à quatre baftions, garni de dix pieces de canons, & fur un plateau au bas de l'ifle une autre batterie de quatre pieces.

Vis-à-vis

1711.

Vis-à-vis de cette ifle, à une des extrêmités de la ville, eft le fort de la Miféricorde, muni de dix-huit pieces de canons, qui s'avance dans la mer; il y a encore d'autres batteries de l'autre côté de la rade, dont je n'ai pas retenu le nom : enfin les Portugais avertis, avoient placé du canon, & élevé des retranchemens par tout où ils avoient cru qu'on pouvoit tenter une defcente.

La ville de Rio-Janeiro eft bâtie fur le bord de la mer, au milieu de trois montagnes qui la commandent, & qui font couronnées de forts & de batteries. La plus proche, en entrant, eft occupée par les Jéfuites ; celle qui eft à l'oppofite, par les Bénédictins, & la troifiéme par l'Evêque du lieu.

Sur celle des Jéfuites eft le fort de Saint-Sebaf-tien, garni de quatorze pieces de canon, & de plu-fieurs pierriers : un autre fort nommé de Saint-Jacques, garni de douze pieces de canon, & un troifiéme nommé de Sainte-Aloyfie, garni de huit, & outre cela une batterie de douze autres pieces de canon.

La montagne occupée par les Bénédictins eft auffi fortifiée de bons retranchemens & de plufieurs batteries, qui voyent de tous côtés.

Y   Celle

Celle de l'Evêque, nommée la Conception, est retranchée par une haye vive, & munie de distance en distance de canons qui en occupent le pont.

La ville est fortifiée par des redans & par des batteries, dont les feux se croisent ; du côté de la plaine elle est défendue par un camp retranché, & par un bon fossé plein d'eau. Au dedans de ces retranchemens, il y a deux places d'armes, qui peuvent contenir quinze cens hommes en bataille. C'étoit en cet endroit que les ennemis tenoient le fort de leurs troupes, qui consistoient en douze ou treize mille hommes au moins, en y comprenant cinq régimens de troupes réglées, nouvellement amenées d'Europe par Dom Gaspard d'Acosta, sans compter un nombre prodigieux de Noirs disciplinés.

Surpris de trouver cette place dans un état si différent de celui dont on m'avoit flatté, je cherchai à m'instruire de ce qui pouvoit y avoir donné lieu ; & j'appris que la Reine Anne d'Angleterre avoit fait partir un paquebot, pour donner avis de mon armement au Roi de Portugal, lequel n'ayant aucun vaisseau prêt pour en aller porter la nouvelle au Bresil, avoit dépêché le même paquebot

bot pour Rio-Janeiro, & que le hafard l'avoit fi
bien favorifé, qu'il y étoit arrivé quinze jours avant
moi. C'eft fur cet avertiffement que le gouverneur avoit fait de fi grands préparatifs.

Toute la journée s'étant paffée à forcer l'entrée
du port, je fis avancer, pendant la nuit, la galiote
& les deux traverfiers à bombes pour commencer
à bombarder; & à la pointe du jour je détachai
M. le chevalier de Goyon, avec cinq cens hommes
d'élite, pour aller s'emparer de l'ifle des Chevres.
Il l'exécuta dans le moment, & en chaffa les Portugais fi brufquement, qu'à peine eurent-ils le temps
d'enclouer quelques pieces de leur canon. Ils coulerent à fond, en fe retirant, deux gros navires
marchands, entre la montagne des Bénédictins &
l'ifle des Chevres, & firent fauter en l'air deux de
leurs vaiffeaux de guerre, qui étoient échoués fous
le fort de la Miféricorde. Ils voulurent en faire autant d'un troifiéme échoué fous la pointe de l'ifle
des Chevres; mais M. le chevalier de Goyon y envoya deux chaloupes commandées par MM. de
Vaureal & de Saint-Ofman, lefquels, malgré tout
le feu des batteries de la place & des forts, s'en rendirent maîtres, & y arborerent le pavillon du Roi.

1711.

Y 2   Ils.

Ils ne purent cependant mettre ce vaiſſeau à flot, parce qu’il s’étoit rempli d’eau par les ouvertures que le canon y avoit faites.

M. le chevalier de Goyon m’ayant rendu compte de la ſituation avantageuſe de l’iſle des Chevres, j’allai viſiter ce poſte, & le trouvant tel qu’il me l’avoit dit, j’ordonnai à MM. de la Rufiniere, de Kerguelin, & Elian, officiers d’artillerie, d’y établir des batteries de canons & de mortiers. M. le marquis de Saint-Simon, lieutenant de vaiſſeau, fut chargé du ſoin de ſoutenir les travailleurs, avec un corps de troupes que je lui laiſſai : les uns & les autres y ſervirent avec tout le zéle & toute la fermeté que je pouvois ſouhaiter, quoiqu’ils fuſſent expoſés à un feu continuel & très vif de canon & de mouſquetterie.

Cependant nos vaiſſeaux manquant d’eau, il n’y avoit pas un moment à perdre pour deſcendre à terre, & pour s’aſſûrer d’une aiguade. J’ordonnai pour cet effet à M. le chevalier de Beauve de faire embarquer la plus grande partie des troupes dans les frégates l’*Amazonne*, l’*Aigle*, l’*Aſtrée*, & la *Concorde*; & je le chargeai de s’emparer de quatre vaiſſeaux marchands Portugais, mouillés près de l’endroit où

je

je comptois faire ma defcente. Cet ordre fut exécuté pendant la nuit , fi ponctuellement , que le
lendemain matin notre débarquement fe fit fans
confufion & fans danger. Il eft vrai que j'avois tâché d'en ôter la connoiffance aux ennemis par d'autres mouvemens , & par de fauffes attaques, qui at-
tirerent toute leur attention.

Le quatorze Septembre toutes nos troupes , au
nombre de deux mille deux cens foldats , & fept à
huit cens matelots , armés & exercés , fe trouverent
débarquées, ce qui forma, y compris les officiers , les
gardes de la marine , & les volontaires , un corps
d'environ trois mille trois cens hommes, Nous avions
outre cela près de cinq cens hommes attaqués du
fcorbut , qui débarquerent en même temps : ils furent au bout de quatre ou cinq jours en état d'être
incorporés avec le refte des troupes.

De tout cela, joint enfemble , je compofai trois
brigades de trois bataillons chacune ; celle qui fervoit d'avant-garde , étoit commandée par M. le
chevalier de Goyon ; celle de l'arriere-garde , par
M. le chevalier de Courferac ; & je me plaçai au
centre avec la troifiéme , dont je donnai le détail à
M. le chevalier de Beauve. Je formai en même temps

une

1711.

une compagnie de soixante caporaux choisis dans toutes les troupes, avec un certain nombre d'aides de camp, de gardes de la marine, & de volontaires, pour me suivre dans l'action, & se porter avec moi dans tous les lieux où ma présence pourroit être nécessaire.

Je fis aussi débarquer quatre petits mortiers portatifs, & vingt gros pierriers de fonte, afin d'en former une espece d'artillerie de campagne. M. le chevalier de Beauve inventa à ce sujet des chandelliers de bois à six pattes ferrées, qui se fichoient en terre, & sur lesquels les pierriers se plaçoient assez solidement. Cette artillerie marchoit dans le centre au milieu du plus gros bataillon, & quand on jugeoit à propos de s'en servir, le bataillon s'ouvroit,

Toutes nos troupes & toutes nos munitions étant débarquées, je fis avancer M. le chevalier de Goyon, & M. le chevalier de Courserac, tous deux à la tête de leurs brigades, pour s'emparer de deux hauteurs, d'où l'on découvroit toute la campagne, & une partie des mouvemens qui se faisoient dans la ville. M. d'Auberville, capitaine des grenadiers de la brigade de Goyon, chassa quelques partis des ennemis

mis d'un bois où ils étoient embufqués pour nous obferver, après quoi nos troupes camperent dans cet ordre. La brigade de Goyon occupa la hauteur qui regardoit la ville. Celle de Courferac s'établit fur la montagne à l'oppofite ; & je me plaçai au milieu avec la brigade du centre. Par cette fitua-tion, nous étions à portée de nous foutenir les uns & les autres ; & nous demeurions les maîtres du bord de la mer, où les chaloupes faifoient de l'eau, & apportoient continuellement de nos vaiffeaux les munitions de guerre & de bouche dont nous avions befoin. M. de Ricouart, intendant de l'ef-cadre, avoit foin de ne nous en point laiffer man-quer, & de faire fournir tous les matériaux nécef-faires à l'établiffement de nos batteries.

Le quinze Septembre voulant examiner fi je ne pourrois pas couper la retraite aux ennemis, & leur faire voir que nous étions maîtres de la campagne, j'ordonnai que toutes les troupes fe miffent fous les armes, & je les fis avancer dans la plaine, détachant jufqu'à la portée du fufil de la ville, des partis qui cuerent des beftiaux, & pillerent des maifons, fans trouver d'oppofition, & même fans que les enne-mis fiffent aucun mouvement. Leur deffein étoit

*   de

de nous attirer dans leurs retranchemens, qui étoient les mêmes où ils avoient engagé & défait M. Duclerc. Je pénétrai sans peine ce dessein, & voyant qu'ils continuoient à être immobiles, je fis retirer les troupes en bon ordre. Cependant je donnai toute mon attention à bien reconnoître le terrein ; je le trouvai si impraticable, que quand j'aurois eû quinze mille hommes, il m'auroit été impossible d'empêcher ces gens-là de sauver leurs richesses dans les bois, & dans les montagnes. J'en fus encore mieux convaincu, lorsqu'ayant remarqué un parti ennemi au pied d'une montagne, & ayant fait couler des troupes à droite & à gauche pour le couper, elles trouverent un marais & des broussailles, qui les arrêterent tout court, & les forcerent de revenir sur leurs pas.

Le seize un de nos détachemens s'étant avancé, les ennemis firent jouer un fourneau avec tant de précipitation, qu'il ne nous fit aucun mal. Le même jour je chargeai MM. de Beauve & de Blois d'établir une batterie de dix canons sur une presqu'isle qui prenoit à revers les batteries & une partie des retranchemens de la hauteur des Bénédictins.

Le dix-sept les ennemis brûlerent quelques magasins

fins qu'ils avoient au bord de la mer , & qui étoient
remplis de caiſſes de ſucres , d'agrets , & de munitions. Ils firent auſſi ſauter en l'air le troiſiéme vaiſſeau de guerre , qui étoit demeuré échoué ſous les
retranchemens des Bénédictins. Ils brûlerent auſſi
les deux frégates du Roi de Portugal.

Dans l'intervalle de tous ces mouvemens , quelques partis ennemis , connoiſſant les routes du pays ,
ſe coulerent le long des défilés , & des bois qui bordoient notre camp , & après avoir tenté quelques
attaques de jour , ils ſurprirent pendant la nuit trois
de nos ſentinelles , qu'ils enleverent ſans bruit. Il y
eut auſſi quelques-uns de nos maraudeurs qui tomberent entre leurs mains , cela leur fit naître l'idée
d'un ſtratagême aſſez ſingulier.

Un Normand , nommé du Bocage , qui dans
les précédentes guerres avoit commandé un ou deux
bâtimens François armés en courſe , avoit depuis
paſſé au ſervice du Portugal. Il s'y étoit fait natura-
liſer , & il étoit parvenu à monter de leurs vaiſſeaux
de guerre ; il commandoit à Rio-Janeiro le ſecond
de ceux que nous y avions trouvés , & après l'a-
voir fait ſauter , il s'étoit chargé de la garde des
retranchemens des Bénédictins. Il s'en acquitta ſi

Z   bien,

bien, & fit servir ses canons si à propos, que nos traversiers à bombes en furent très-incommodés, & plusieurs de nos chaloupes furent très-maltraitées ; une entr'autres chargée de quatre gros canons de fonte, fut percée de deux boulets, & elle alloit couler bas, si je ne m'en fusse apperçû par hasard, en revenant de l'isle des Chevres, & si je ne l'avois pas prise à la remorque avec mon canot. Ce du Bocage voulant faire parler de lui , & gagner la confiance des Portugais, ausquels, comme François, il étoit toujours un peu suspect, imagina de se déguiser en matelot, avec un bonnet, un pourpoint, & des culottes gaudronnées. Dans cet équipage, il se fit conduire par quatre soldats Portugais à la prison où nos maraudeurs & nos sentinelles enlevées étoient enfermées. On le mit aux fers avec eux ; & il se donna pour un matelot de l'équipage d'une des frégates de Saint-Malo , qui s'étant écarté de notre camp, avoit été pris par un parti Portugais. Il fit si bien son personnage, qu'il tira de nos pauvres François, trompés par son déguisement, toutes les lumieres qui pouvoient lui faire connoître le fort & le foible de nos troupes ; surquoi les ennemis prirent la résolution d'attaquer notre camp.   Ils

1711.

Ils firent pour cet effet fortir de leurs retranchemens, avant que le jour parût, quinze cens hommes de troupes réglées qui s’avancerent, fans être
découverts, jufqu’au pied de la montagne, occupée par la brigade de Goyon. Ces troupes furent
fuivies par un corps de milices, qui fe pofta à moitié chemin de notre camp, à couvert d’un bois, &
à portée de foutenir ceux qui nous devoient attaquer.

Le pofte avancé qu’ils avoient deffein d’emporter, étoit fitué fur une éminence à mi-côte, où il
y avoit une maifon crénellée qui nous fervoit de
corps-de-garde ; & quarante pas au-deffus régnoit
une haye vive fermée par une barriere. Les ennemis firent paffer, lorfque le jour commença à paroître, plufieurs beftiaux devant cette barriere. Un
de nos fergens, & quatre foldats avides, les ayant
apperçus, ouvrirent, pour s’en faifir, la barriere,
fans en avertir l’officier ; mais à peine eurent-ils fait
quelques pas, que les Portugais embufqués, firent
feu fur eux, tuerent le fergent & deux des foldats ;
ils entrerent enfuite, & monterent vers le corps-de-
garde ; M. de Liefta, qui gardoit ce pofte avec cinquante hommes, quoique furpris & attaqué vive-

Z 2 ment,

ment, tint ferme, & donna le temps à M. le chevalier de Goyon d'y envoyer M. de Boutteville,
aide-major, avec les compagnies de M. de Droualin, & d'Auberville. Il me dépêcha en même temps
un aide de camp pour m'informer de ce qui se paffoit ; & en attendant mes ordres, il fit mettre toute
fa brigade fous les armes, & prête à charger. A l'inftant je fis partir deux cens grenadiers par un chemin creux, avec ordre de prendre les ennemis en
flanc, auffi-tôt qu'ils verroient l'action engagée, &
je fis mettre toutes les autres troupes en mouvement. Je courus enfuite vers le lieu du combat avec
ma compagnie de caporaux ; j'y arrivai affez à temps
pour être témoin de la valeur & de la fermeté avec
laquelle MM. de Liefta, de Droualin, & d'Auberville foutenoient, fans s'ébranler, tous les efforts
des ennemis. A l'approche des troupes qui me fui-
voient, ils fe retirerent précipitamment, en laiffant
fur le champ de bataille plufieurs de leurs foldats
tués, & quantité de bleffés. J'interrogeai ces derniers, & apprenant d'eux les circonftances que je
viens de rapporter, je ne jugeai pas à propos de
m'engager dans ce bois & dans ces défilés. Ainfi je
fis faire halte aux grenadiers & à toutes les autres

troupes

troupes qui étoient en marche. En prenant un autre parti, je donnois au milieu de l'embuscade, où
le corps des milices étoit posté.

M. de Pontlo-de-Coëtlogon, aide de camp de
M. le chevalier de Goyon, fut blessé en cette occasion, & nous eûmes trente soldats tués ou bleffés. Ce même jour la batterie, dont j'avois laissé le
soin à MM. de Beauve, & de Blois, commença à
tirer sur les retranchemens des Bénédictins.

Le dix-neuf M. de la Ruffiniere, commandant de
l'artillerie, me manda qu'il avoit sur l'isle des Chevres
cinq mortiers, & dix-huit pieces de canons de vingt-
quatre livres de balle, prêtes à battre en breche, &
qu'il attendoit mes ordres pour démasquer les batteries; je crus qu'il étoit temps de sommer le gouverneur; & j'envoyai un tambour lui porter cette
lettre.

» Le Roi mon maître voulant, Monsieur, tirer
» raison de la cruauté exercée envers les officiers &
» les troupes que vous fîtes prisonniers l'année der-
» niere, & Sa Majesté étant bien informée qu'après
» avoir fait massacrer les chirurgiens, à qui vous
» aviez permis de descendre de ses vaisseaux pour
» pancer les blessés, vous avez encore laissé perir
» de

» de faim & de mifere une partie de ce qui reftoit
» de ces troupes, les retenant toutes en captivité
» contre la teneur du cartel d'échange arrêté entre
» les couronnes de France & de Portugal. Elle m'a
» ordonné d'employer fes vaiffeaux & fes troupes
» à vous forcer de vous mettre à fa difcrétion, &
» de me rendre tous les prifonniers François; com-
» me auffi de faire payer aux habitans de cette co-
» lonie des contributions fuffifantes pour les punir
» de leurs cruautés, & qui puiffent dédommager am-
» plement Sa Majefté de la dépenfe qu'elle a faite
» pour un armement auffi confidérable. Je n'ai point
» voulu vous fommer de vous rendre, que je ne me
» fois vû en état de vous y contraindre, & de ré-
» duire votre pays & votre ville en cendres, fi vous
» ne vous rendez à la difcrétion du Roi mon maî-
» tre, qui m'a commandé de ne point détruire ceux
» qui fe foumettront de bonne grace, & qui fe re-
» pentiront de l'avoir offenfé dans la perfonne de
» fes officiers & de fes troupes. J'apprends auffi,
» Monfieur, que l'on a fait affaffiner M. du Clerc
» qui les commandoit; je n'ai point voulu ufer de
» repréfailles fur les Portugais qui font tombés en
» mon pouvoir; l'intention de Sa Majefté n'étant
» point

1711.

» point de faire la guerre d'une façon indigne d'un
» Roi très-chrétien ; & je veux croire que vous avez
» trop d'honneur pour avoir eu part à ce honteux
» maſſacre ; mais ce n'eſt pas aſſez , Sa Majeſté
» veut que vous m'en nommiez les auteurs, pour
» en faire une juſtice exemplaire. Si vous différez
» d'obéir à ſa volonté , tous vos canons , toutes
» vos barricades , ni toutes vos troupes ne m'em-
» pêcheront pas d'exécuter ſes ordres, & de porter le
» fer & le feu dans toute l'étendue de ce pays. J'at-
» tends, Monſieur, votre réponſe ; faites-la promp-
» te & déciſive ; autrement vous connoîtrez que ſi
» juſqu'à préſent je vous ai épargné , ce n'a été que
» pour m'épargner à moi-même l'horreur d'enve-
» lopper les innocens avec les coupables. Je ſuis ,
» Monſieur, très-parfaitement , &c.

Le gouverneur renvoya mon tambour avec cette
réponſe.

» J'ai vû , Monſieur , les motifs qui vous ont en-
» gagé à venir de France en ce pays. Quant au trai-
» tement des priſonniers François , il a été ſuivant
» l'uſage de la guerre ; il ne leur a manqué ni pain
» de munition , ni aucun des autres ſecours, quoi-
» qu'ils ne le méritaſſent pas , par la maniere dont
» ils

» ils ont attaqué ce pays du Roi mon maître, fans
» en avoir de commiffion du Roi très-chrétien,
» mais faifant feulement la courfe. Cependant je
» leur ai accordé la vie au nombre de fix cens hom-
» mes, comme ces mêmes prifonniers le pourront
» certifier. Je les ai garantis de la fureur des Noirs,
» qui les vouloient tous paffer au fil de l'épée ; en-
» fin, je n'ai manqué en rien de tout ce qui les
» regarde, les ayant traités fuivant les intentions du
» Roi mon maître. A l'égard de la mort de M. du
» Clerc, je l'ai mis, à fa follicitation, dans la meil-
» leure maifon de ce pays, où il a été tué. Qui l'a
» tué ? C'eft ce que l'on n'a pû vérifier, quelques
» diligences que l'on ait faites, tant de mon côté,
» que de celui de la Juftice. Je vous affûre que fi
» l'affaffin fe trouve, il fera châtié comme il le mé-
» rite. En tout ceci il ne s'eft rien paffé qui ne foit
» de la pure vérité, telle que je vous l'expofe. Pour
» ce qui eft de vous remettre ma place, quelques
» menaces que vous me faffiez, le Roi mon maî-
» tre me l'ayant confiée, je n'ai point d'autre ré-
» ponfe à vous faire, finon, que je fuis prêt à la
» défendre jufqu'à la derniere goute de mon fang.
» J'efpere que le Dieu des armées ne m'abandon-
» nera

» nera pas dans une caufe auffi jufte que celle de la
» défenfe de cette place, dont vous voulez vous em-
» parer, fur des prétextes frivoles, & hors de faifon.
» Dieu conferve votre feigneurie. Je fuis, Monfieur,
» &c. figné , Dom FRANCISCO DE CASTRO-
» MORAIS.

Sur cette réponfe, je réfolus d'attaquer vivement
la place ; & j'allai avec M. le chevalier de Beauve
tout le long de la côte, pour reconnoître les endroits par où nous pourrions le plus aifément forcer les ennemis. Nous remarquâmes cinq vaiffeaux
portugais, mouillés près des Bénédictins, qui me
parurent propres à fervir d'entre-pôt aux troupes
que je pourrois deftiner à l'attaque de ce pofte. Je
fis avancer par précaution le vaiffeau le *Mars* entre nos deux batteries & ces cinq vaiffeaux, afin
qu'il fe trouvât tout porté pour les foutenir quand
il en feroit queftion.

Le vingt je donnai ordre au *Brillant* de venir
mouiller près du *Mars.* Ces deux vaiffeaux & nos
batteries firent un feu continuel, qui rafa une partie
des retranchemens, & je difpofai toutes chofes pour
livrer l'affaut le lendemain à la pointe du jour.

Pour cet effet, auffi-tôt que la nuit fut fermée,

je

je fis embarquer dans des chaloupes les troupes
deſtinées à l'attaque des retranchemens des Bénédictins, avec ordre de s'aller loger, avec le moins
de bruit qu'il ſeroit poſſible, dans les cinq vaiſſeaux
que nous avions remarqués. Elles ſe mirent en devoir de le faire; mais un orage qui ſurvint, les ayant
fait appercevoir, à la lueur des éclairs, les ennemis firent ſur ces chaloupes un très-grand feu de
mouſqueterie. Les diſpoſitions que j'avois vûes dans
l'air, m'avoient fait prévoir cet inconvénient, &
pour y remédier, j'avois envoyé ordre, avant la
nuit, au *Brillant*, & au *Mars*, & dans toutes nos
batteries, de pointer de jour tous leurs canons, ſur
les retranchemens, & de ſe tenir prêts à tirer dans
le moment qu'ils verroient partir le coup d'une pie-
ce de la batterie où je m'étois poſté. Ainſi dès que
les ennemis eurent commencé à tirer ſur nos chaloupes, je mis moi-même le feu au canon qui devoit ſervir de ſignal, lequel fut ſuivi dans l'inſtant
d'un feu général & continuel des batteries & des
vaiſſeaux, qui joint aux éclats redoublés d'un ton-
nerre affreux, & aux éclairs qui ſe ſuccédoient les
uns aux autres, ſans laiſſer preſqu'aucun intervalle,
rendoit cette nuit affreuſe. La conſternation fut

d'autant

d'autant plus grande parmi les habitans, qu'ils cru-
rent que j'allois leur donner affaut au milieu de la
nuit.

Le vingt-un à la petite pointe du jour je m'avançai
à la tête des troupes pour commencer l'attaque du
côté de la Conception ; & j'ordonnai à M. le chevalier de Goyon de filer le long de la côte avec fa
brigade, & d'attaquer les ennemis par un autre endroit. J'envoyai en même temps ordre aux troupes
portées dans les cinq vaiffeaux, de donner l'affaut
aux retranchemens des Bénédictins.

Dans le moment que tout alloit s'ébranler, M. de
la Salle, qui avoit fervi à M. du Clerc d'aide de
camp, & qui étoit refté prifonnier dans Rio-Janeiro,
parut, & vint me dire que la populace & les milices effrayées de notre grand feu dès qu'il avoit
commencé, & ne doutant point qu'il ne fût queftion
d'un affaut général, avoient été frappées d'une terreur
fi grande, que dès ce temps-là même elles avoient
abandonné la ville avec une confufion, que la nuit
& l'orage avoient rendue extrême, & que cette terreur s'étant communiquée aux troupes réglées, elles
avoient été entraînées par le torrent ; mais qu'en fe
retirant, elles avoient mis le feu aux magafins les

        plus

plus riches, & laiffé des mines fous les forts des Bénédictins, & des Jéfuites, pour y faire perir du moins une partie de nos troupes. Qu'ayant vû de quelle importance il étoit de m'en avertir à temps, il n'avoit rien négligé pour cela, & qu'il avoit profité du défordre pour s'échapper.

Toutes ces circonftances, qui me parurent d'abord incroyables, & qui pourtant fe trouverent bien vrayes, me firent preffer ma marche. Je me rendis maître, fans réfiftance, mais avec précaution, des retranchemens de la Conception, & de ceux des Bénédictins; enfuite m'étant mis à la tête des grenadiers, j'entrai dans la place, & je m'emparai de tous les forts, & des autres poftes qui méritoient attention. Je donnai en même temps ordre d'éventer les mines: après quoi j'établis la brigade de Courferac fur la montagne des Jéfuites, pour en garder tous les forts.

En entrant dans cette ville abandonnée, je fus furpris de trouver d'abord fur ma route les prifonniers qui étoient reftés de la défaite de M. du Clerc. Ils avoient dans la confufion brifé les portes de leurs prifons, & s'étoient répandus de tous côtés dans la ville, pour piller les endroits les plus riches.

Cet

Cet objet excita l'avidité de nos foldats, & en porta quelques-uns à fe débander ; j'en fis faire, fur le
champ même, un châtiment févére qui les arrêta ;
& j'ordonnai que tous ces prifonniers fûffent conduits & confignés dans le fort des Bénédictins.

J'allai après cela rejoindre MM. de Goyon &
de Beauve, aufquels j'avois laiffé le commandement du refte des troupes, étant bien aife de conférer avec eux fur les mefures que nous avions à
prendre afin d'empêcher, où tout au moins, afin
de diminuer le pillage dans une ville ouverte, pour
ainfi dire, de toutes parts. Je fis enfuite pofer des
fentinelles, & établir des corps-de-garde dans tous
les endroits néceffaires, & j'ordonnai que l'on fît
jour & nuit des patrouilles, avec défenfe, fous peine de la vie, aux foldacs, & aux matelots, d'entrer
dans la ville. En un mot, je ne négligeai aucunes
de toutes les précautions praticables : mais la fureur du pillage l'emporta fur la crainte du châtiment. Ceux qui compofoient les corps-de-garde &
les patrouilles furent les premiers à augmenter le
défordre pendant la nuit ; enforte que le lendemain matin les trois quarts des magafins & des
maifons fe trouverent enfoncés, les vins répandus,

dus, les vivres, les marchandifes, & les meubles épars au milieu des rues, & de la fange ; tout enfin dans un défordre & dans une confufion inexprimables. Je fis, fans rémiffion, caffer la tête à plufieurs qui fe trouverent dans le cas du ban publié ; mais tous les châtimens réitérés n'étant pas capables d'arrêter cette fureur, je pris le parti, pour fauver quelque chofe, de faire travailler les troupes depuis le matin jufqu'au foir, à porter dans des magafins tous les effets que l'on put ramaffer, & M. de Ricouart y plaça des écrivains & des gens de confiance.

Le vingt-trois j'envoyai fommer le fort de Sainte-Croix, qui fe rendit. M. de Beauville, aide-major général, en prit poffeffion, ainfi que des forts de Saint-Jean, & de Villegagnon, & des autres de l'entrée. Il fit, par mon ordre, enclouer tous les canons des batteries qui n'étoient pas fermées.

Sur ces entrefaites, j'appris par différens Noirs transfuges, que le gouverneur de la ville, & Dom Gafpard d'Acofta commandant de la flotte, avoient raffemblé leurs troupes difperfées, & qu'ils s'étoient retranchés à une lieue de nous, où ils attendoient

un

un puiſſant ſecours des mines, ſous la conduite de
Dom Antoine d'Albuquerque, général d'un grand
renom chez les Portugais. Ainſi je trouvai à propos de me précautionner contre eux. J'établis pour
cet effet la brigade de Goyon à la garde des retranchemens qui regardoient la plaine; & je me plaçai
avec la brigade du centre ſur les hauteurs de la Conception, & des Bénédictins, me mettant par-là à
portée de donner du ſecours à ceux qui en auroient
beſoin. La brigade de Courſerac étoit déja poſtée,
comme je l'ai dit, ſur la montagne des Jéſuites.

Ayant l'eſprit tranquille de ce côté-là, je donnai mon attention aux intérêts du Roi, & à ceux
des armateurs. Les Portugais avoient ſauvé leur or
dans les bois, brûlé, ou coulé à fonds leurs meilleurs vaiſſeaux, & mis le feu à leurs magaſins les
plus riches; tout le reſte étoit en proye à l'avidité
des ſoldats, que rien ne pouvoit arrêter; d'ailleurs
il étoit impoſſible de garder cette place à cauſe du
peu de vivres que j'avois trouvés, & de la difficulté
de pénétrer dans les terres, pour en recouvrer. Tout
cela bien conſidéré, je fis dire au gouverneur, que
s'il tardoit à racheter ſa ville par une contribution,
j'allois la mettre en cendres, & en ſapper juſqu'aux
fondemens.

fondemens. Afin de lui rendre même cet avertisse-
ment plus senfible, je détachai deux compagnies de
grenadiers pour aller brûler toutes les maifons de
campagne à demie-lieue à la ronde. Ils exécuterent
cet ordre ; mais étant tombés dans un corps de Portugais fort fupérieur, ils auroient été taillés en pieces , fi je n'euffe eû la précaution de les faire fuivre
par deux autres compagnies , commandées par
MM. de Brugnon , & de Cheridan, lefquelles fou-
tenues de ma compagnie de caporaux, enfoncerent
les ennemis , en tuerent plufieurs, & mirent le refte
en fuite. Leur commandant, nommé Amara , homme en réputation parmi eux , demeura fur la place ;
M. de Brugnon me préfenta fes armes, & fon che-
val , l'un des plus beaux que j'aye vû. Cet officier
s'étoit fort diftingué dans cette action ; ils avoient,
lui , & M. de Cheridan , percé les premiers , la
bayonnette au bout du fufil. Cependant comme je
vis que l'affaire pouvoit devenir férieufe , par rapport au voifinage du camp des ennemis, je fis avancer deux bataillons fous le commandement de M. le
chevalier de Beauve. Il pénétra plus avant, brûla la
maifon qui fervoit de demeure à ce commandant ,
& fe retira.

Après

Après cet échec, le gouverneur m'envoya le pré-
sident de la chambre de Justice, avec un de ses
meſtres de camp, pour traiter du rachat de la ville.
Ils commencerent par me dire que le peuple les
ayant abandonnés, pour tranſporter ſes richeſſes
bien avant dans les bois & dans les montagnes,
il leur étoit impoſſible de trouver plus de ſix cens
mille cruzades, encore demandoient-ils un aſſez
long terme pour faire revenir l'or appartenant au
Roi de Portugal, qu'ils diſoient auſſi avoir été porté très-loin dans les terres. Je rejettai la propoſition,
& congédiai ces députés, après leur avoir fait voir
que je faiſois ruiner tous les lieux que le feu ne
pourroit pas entierement détruire.

Ces gens partis, je n'entendis plus parler du gouverneur; j'appris aucontraire par des Négres dé-
ſerteurs que cet Antoine d'Albuquerque s'appro-
choit, & devoit le joindre inceſſamment avec un
puiſſant ſecours, & qu'il lui avoit dépêché un exprès pour l'en avertir. Inquiet de cette nouvelle, je
compris la néceſſité où j'étois de faire un effort
avant leur jonction, ſi je voulois tirer parti d'eux.
Ainſi j'ordonnai que toutes mes troupes, que j'a-
vois recrutées d'environ cinq cens hommes, reſtés

B b

de

de la défaite de M. du Clerc, décampaſſent, & ſe mîſſent en marche ſans tambour, & à la ſourdine, quand la nuit ſeroit un peu avancée. Cet ordre fut exécuté malgré l'obſcurité & la difficulté des chemins avec tant d'ardeur & de régularité, que je me trouvai à la pointe du jour, en préſence des ennemis. L'avant-garde, commandée par M. le chevalier de Goyon, ne fit halte qu'à demie-portée de fuſil de la hauteur qu'ils occupoient, & ſur laquelle leurs troupes parurent en bataille ; elles avoient été renforcées de douze cens hommes arrivés depuis peu du quartier de l'Iſle-Grande. Je fis ranger tous nos bataillons en front de bandiere, autant que le terrein put le permettre, prêt à leur livrer combat ; & j'eus ſoin de faire occuper les hauteurs & les défilés, détachant en même temps divers petits corps pour aller faire un aſſez grand tour, avec ordre de tomber ſur le flanc des ennemis, auſſi-tôt qu'ils auroient connoiſſance que l'action ſeroit engagée.

Le gouverneur ſurpris, envoya un Jéſuite, homme d'eſprit, avec deux de ſes principaux officiers, pour me repréſenter qu'il avoit offert pour racheter ſa ville tout l'or dont il pouvoit diſpoſer, & que dans l'impoſſibilité où il étoit d'en trouver davantage,

tage , tout ce qu'il pouvoit faire étoit d'y joindre
dix mille cruzades de fa propre bourfe, cinq cens
caiffes de fucre , & tous les beftiaux dont je pourrois
avoir befoin pour la fubfiftancede nos troupes.Que,
fi je refufois d'accepter ces offres , j'étois le maître
de les combattre, de détruire la ville & la colonie,
& de prendre tel autre parti que je jugerois à propos.

J'affemblai le confeil là-deffus , lequel conclut
unanimement que , fi nous paffions fur le ventre de
ces gens-là , bien loin d'en tirer avantage , nous
perdrions l'unique efpoir qui nous reftoit de les
faire contribuer,& qu'il ne falloit pas balancer d'accepter cette propofition. J'en compris auffi la néceffité ; je me fis donner en conféquence fur le
champ douze des principaux officiers pour ôtages ;
& je pris une foumiffion de payer les fix cens mille
cruzades dans quinze jours , & de me fournir tous
les beftiaux dont j'aurois befoin. On arrêta en même temps qu'il feroit permis à tous les marchands
portugais de venir à bord de nos vaiffeaux , & dans
la ville pour y racheter les effets qui leur convien-
droient , en payant comptant.

Le lendemain onze octobre, Dom Antoine d'Al-
B b 2   buquerque

1711.

buquerque arriva au camp des ennemis , avec trois
mille hommes de troupes réglées , moitié cavalerie, & moitié infanterie. Pour s'y rendre plus promptement , il avoit fait mettre l'infanterie en croupe ,
& il s'étoit fait suivre par plus de six mille Noirs
bien armés , qui arriverent le jour suivant. Ce secours, quoique venant un peu tard, étoit trop con-
sidérable pour que je ne redoublasse pas mes attentions ; je me tins donc continuellement sur mes
gardes, d'autant plus que les Noirs qui se rendoient
à nous, assûroient que malgré les ôtages livrés , les
Portugais vouloient nous surprendre , & nous attaquer pendant la nuit ; mais cela ne m'empêcha
pas de faire travailler à porter dans nos vaisseaux
toutes les caisses de sucre , & à remplir nos magasins de ce que l'on put rassembler d'autres effets. La
plus grande partie n'étant propre que pour la mer
du Sud , auroit tombé en pure perte , si on les avoit
apportés en France. La difficulté étoit d'avoir des
bâtimens capables d'entreprendre un tel voyage ;
il ne s'en trouva qu'un seul de six cens tonneaux
en état d'y aller ; encore ne pouvoit-il contenir
qu'une partie des marchandises , de maniere que
pour sauver le reste , nous jugeâmes à propos ,

M. de

M. de Ricouart & moi, d'y joindre la *Concorde*.

J'ordonnai en conféquence qu'on travaillât jour & nuit à charger ces deux vaiffeaux ; & comme il reftoit encore cinq cens caiffes de fucre, je les fis mettre dans la moins mauvaife de nos prifes, que chaque vaiffeau contribua à équiper, & dont M. de la Ruffiniere prit le commandement; les autres vaiffeaux pris furent vendus aux Portugais, ainfi que les marchandifes gâtées, dont on tira le meilleur parti que l'on put.

Le quatre novembre les ennemis ayant achevé leur dernier payement, je leur remis la ville ; & je fis embarquer les troupes, gardant feulement le fort de l'ifle des Chevres, & celui de Villegagnon, ainfi que ceux de l'entrée, afin d'affûrer notre dé-part.

Je fis enfuite mettre le feu au vaiffeau de guerre portugais que l'on n'avoit pû relever, & à un autre vaiffeau marchand que l'on n'avoit pas trouvé à vendre.

Dès le premier jour que j'étois entré dans la ville, j'avois eu un très-grand foin de faire raffembler tous les vafes facrés, l'argenterie, & les ornemens des églifes, & je les avois fait mettre, par nos aumô-niers,

niers, dans de grands coffres, après avoir fait punir de mort tous les soldats ou matelots qui avoient eu l'impieté de les prophaner, & qui s'en étoient trouvé saisis. Lorsque je fus sur le point de partir, je confiai ce dépôt aux Jésuites, comme aux seuls éclésiastiques de ce pays-là, qui m'avoient paru dignes de ma confiance; & je les chargeai de le remettre à l'évêque du lieu. Je dois rendre à ces peres la justice de dire qu'ils contribuerent beaucoup à sauver cette florissante colonie, en portant le gouverneur à racheter sa ville, sans quoi je l'aurois rasée de fond en comble, malgré l'arrivée d'Antoine Albuquerque, & de tous ses Noirs. Cette perte, qui auroit été irréparable pout le Roi de Portugal, n'auroit été d'aucune utilité à mon armement.

Avant que de parler de mon retour en France, il est bien juste de témoigner ici que le succès de cette expédition est dû à la valeur de la plûpart des officiers en général, & à celles des capitaines en particulier; mais sur-tout à la fermeté & à la bonne conduite de MM. de Goyon, de Courserac, de Beauve, & de Saint-Germain. Ces quatre officiers me furent d'une ressource infinie dans tout le cours de cette entreprise; & j'avoue, avec plaisir, que

c'est

c'eſt par leur activité, par leur courage, & par leurs conſeils que je ſuis parvenu à ſurmonter un grand nombre d'obſtacles qui me paroiſſoient au-deſſus de nos forces.

Le treize toute l'eſcadre mit à la voile; & le même jour les bâtimens deſtinés pour la mer du Sud, partirent auſſi, bien équipés de tout ce qui leur étoit néceſſaire. J'embarquai ſur nos vaiſſeaux un officier, quatre gardes de la marine, & près de cinq cens ſoldats, reſtant de l'aventure de M. du Clerc, tous les autres officiers avoient été envoyés à la baye de tous les Saints. J'avois formé la réſolution de les y aller délivrer, & il eſt certain que je l'aurois exécutée,& même que j'aurois tiré de cette colonie une autre contribution, ſi je n'avois eû le malheur d'être cruellement traverſé par les vents contraires pendant plus de quarante jours ; de ſorte qu'il nous reſtoit à peine des vivres ſuffiſamment pour nous conduire en France. Dans cette ſituation, il y auroit eu de la témérité, & même de la folie à s'expoſer aux plus grandes extrêmités.

Ce défaut de vivres nous fit délibérer ſi nous irions relâcher aux iſles de l'Amerique; la ſeule incertitude de pouvoir y en trouver aſſez pour un ſi

grand

1711.

grand nombre de vaiſſeaux, m'empêcha de prendre
ce parti. Nous fûmes même dans l'obligation de
laiſſer la priſe chargée de ſucre, parce qu'elle nous
faiſoit perdre trop de chemin, & que dans l'état où
nous étions, le moindre retardement nous expoſoit
à de fâcheux événemens. La frégate l'*Aigle* eut ordre de conſerver cette priſe, & de l'eſcorter juſques dans le premier port de France.

Le vingt décembre après avoir eſſuyé bien des
vents contraíres, nous paſſâmes la ligne équinoctiale,
& le vingt-neuf janvier 1712. nous nous trouvâmes
à la hauteur des Açores. Juſques-là toute l'eſcadre
s'étoit conſervée; mais nous fûmes pris ſur ces parages de trois coups de vent conſécutifs, & ſi vio-
lens, qu'ils nous ſéparerent tous les uns des autres;
les gros vaiſſeaux furent dans un danger évident de
perir; le *Lis*, que je montois, quoique l'un des
meilleurs de l'eſcadre, ne pouvoit gouverner par
l'impétuoſité du vent; & je fus obligé de me tenir
en perſonne au gouvernail pendant plus de ſix
heures, & d'être continuellement attentif à prévenir toutes les vagues qui pourroient faire venir le
vaiſſeau en travers. Mon attention n'empêcha pas
que toutes mes voiles ne fuſſent emportées, que

toutes

toutes mes chaînes de haubans ne fussent rompues
les unes après les autres, & que mon grand mât ne
rompît entre les deux ponts ; nous faisions d'ailleurs de l'eau à trois pompes, & ma situation devint si pressante au milieu de la nuit, que je me
trouvai dans le cas d'avoir recours aux signaux d'in-
commodité, en tirant des coups de canon, & mettant des feux à mes haubans. Mais tous les vaisseaux
de mon escadre étant pour le moins aussi maltraités que le mien, ne purent me conserver, & je me
trouvai avec la seule frégate l'*Argonaute*, montée
par M. le chevalier du Bois-de-la-Mothe, qui dans
cette occasion voulut bien s'exposer à perir, pour
se tenir à portée de me donner du secours.

Cette tempête continua pendant deux jours avec
la même violence, & mon vaisseau fut sur le point
d'en être abîmé, en faisant un effort pour joindre
trois de mes camarades, que je découvrois sous le
vent. En effet, ayant voulu faire vent arriere sur
eux avec les fonds de ma misaine seulement, une
grosse vague vint de l'arriere qui éleva ma pouppe
en l'air, & dans le même instant il en vint une autre encore plus grosse, de l'avant, qui passant par-
dessus mon beaupré, & ma hune de misaine, en-

Cc   gloutit

gloutit tout le devant de mon vaisseau jusqu'à son grand mât. L'effort qu'il fit pour déplacer cette épouvantable colonne d'eau dont il étoit affaissé, nous fit dresser les cheveux, & envisager, pendant quelques instans, une mort inévitable au milieu des abîmes de la mer. La secousse des mâts & de toutes les parties du vaisseau fut si grande, que c'est une espece de miracle que nous n'y ayons pas peri; & je ne le comprends pas encore. Cet orage appaisé, je rejoignis le *Brillant*, l'*Argonaute*, la *Bellone*, l'*Amazonne*, & l'*Astrée*; nous mîmes plusieurs fois en travers pour attendre le reste de l'escadre; & n'en ayant pas eû connoissance, nous entrâmes dans la rade de Brest le six fevrier 1712, l'*Achille*, & le *Glorieux* s'y rendirent deux jours après nous. Le *Mars* ayant été démâté de tous ses mâts, se trouva dans un danger évident faute de vivres; & après avoir infiniment souffert, il arriva dans le port de la Corogne, d'où il se rendit au port Louis.

L'*Aigle* relâcha à l'isle de Cayenne avec la prise qu'il escortoit; il y perit à l'ancre, & son équipage s'embarqua dans cette prise pour repasser en France.

A l'égard du *Magnanime*, & du *Fidéle*, je me flatai long-temps de jour en jour de les voir arriver;

mais

mais on n'en a eû depuis aucunes nouvelles ; & on
ne peut douter à préfent que dans cette horrible
tempête il ne leur foit arrivé quelque aventure à
peu près pareille à celle du *Lis*, dont ils ont eu le
malheur de ne fe pas tirer comme moi.

Ces deux vaiffeaux avoient près de douze cens
hommes d'équipage, & quantité d'officiers & de
gardes de la marine, gens de mérite & de naiffance,
que je regretterai toujours infiniment ; mais entr'autres M. le chevalier de Courferac, mon fidéle
compagnon d'armes, qui dans plufieurs de mes expéditions m'avoit fecondé avec une valeur peu com-
mune, & qui rapportoit en France la gloire diftinguée de nous avoir frayé l'entrée du port de Rio-
Janeiro, comme je l'ai dit : la tendre eftime qui nous
uniffoit depuis très-long-temps, & qui n'avoit jamais été traverfée par un moment de froideur, m'a
fait reffentir fa perte auffi vivement que celle de
mes freres ; ma confiance en lui étoit fi grande,
que j'avois fait charger fur le *Magnanime*, qu'il
montoit, plus de fix cens mille livres en or, & en
argent. Ce vaiffeau étoit outre cela rempli d'une
grande quantité de marchandifes ; il eft vrai que c'é-
toit le plus grand de l'efcadre, & le plus capable,

Cc 2   en

1712.

en apparence de réfister aux efforts de la tempête, & à ceux des ennemis. Prefque toutes nos richeffes étoient embarquées fur ce vaiffeau, & fur celui que je montois.

Les retours du chargement des deux vaiffeaux que j'avois envoyés à la mer du Sud, joints à l'or, & aux autres effets apportés de Rio-Janeiro, payerent la dépenfe de mon armement, & donnerent quatre-vingt-douze pour cent de profit à ceux qui s'y étoient intéreffés. Il eft encore refté à la mer du Sud plus de cent mille piaftres de mauvais crédits, par la friponerie de ceux aufquels on s'eft confié. Cette perte, jointe à celle des vaiffeaux le *Magnanime*, le *Fidéle*, & l'*Aigle*, fit manquer encore cent pour cent de bénéfice : ce font de ces malheurs que toute la prudence humaine ne peut empêcher.

Les avantages que l'on a retirés de cette expédition, font petits en comparaifon du dommage que les Portugais en ont fouffert, tant par la contribution à laquelle je les forçai, que par la perte de quatre vaiffeaux, & de deux frégates de guerre, & de plus de foixante vaiffeaux marchands, outre une prodigieufe quantité de marchandifes brûlées, pillées, ou embarquées fur nos vaiffeaux. Le feul bruit

de

de cet armement caufa une grande diverfion, &
beaucoup de dépenfe aux Hollandois, & aux Anglois. Ces derniers mîrent d'abord en mer une efcadre de vingt vaiffeaux de guerre, dans le deffein de me bloquer dans la rade de Breft; & ap-
préhendant que mon armement ne fût deftiné à
porter le Prétendant en Angleterre, ils rappellerent
de Flandre fix mille hommes de leurs troupes, &
fe donnerent de grands mouvemens pour fe mettre en état de s'oppofer à une defcente fur leurs
côtes. Ils envoyerent en même temps des vaiffeaux
d'avis & des navires de guerre dans leurs principales colonies, avec une inquiétude d'autant plus
grande, qu'ils ignoroient abfolument la deftination de mon armement.

Deux mois après mon arrivée à Breft, je me rendis à Verfailles pour faire ma cour au Roi; il eut
la bonté de me témoigner beaucoup de fatisfaction
de ma conduite, & une grande difpofition à m'en
accorder la récompenfe. M. le comte de Pontchartrain me protégea ouvertement dans cette occafion, & me rendit auprès de Sa Majefté de fi bons
offices, que malgré les brigues & la malignité des
jaloux, & des envieux, elle fut fur le point de me

nommer

1712.

1712. nommer dès-lors chef d'efcadre par une promotion particuliere. Mais comme il y avoit nombre d'anciens capitaines de vaiffeaux, diftingués par leurs fervices & par leur naiffance, Sa Majefté jugea à propos de différer jufqu'à une promotion générale, & en attendant elle eut la bonté de me gratifier d'une penfion de deux mille livres fur l'Ordre de faint Louis.

1715. J'étois à Verfailles lorfque le Roi voulut bien m'honorer de la Cornette; c'étoit au commencement du mois d'août 1715. un jour que j'étois dans la foule des courtifans fur fon paffage, lorfqu'il alloit à la meffe, il s'arrêta en m'appercevant, fit un pas, comme pour s'approcher de moi, & daigna m'annoncer lui-même cette nouvelle, dans des termes fi pleins de bonté, & de cette douceur majeftueufe qui accompagnoit jufqu'aux moindres de fes actions, que j'en fus pénétré; mais je remarquai, avec une douleur qui égaloit ma reconnoiffance, à fa voix affoiblie, & à tout fon maintien, que le mal qui le minoit depuis quelque temps, avoit fait de grands progrès; & je ne diftinguai que trop les efforts que fon grand courage lui faifoit faire pour le furmonter. Peu de jours après il fut contraint de

céder;

céder ; je ne quittai point les avenues de fa chambre , jufqu'au moment où la mort enleva à la France un fi bon maître, & à l'Univers fon plus grand ornement. On peut juger de la profonde affliction où je me trouvai. Dès ma tendre jeuneffe , j'avois eû pour fa perfonne & pour fes vertus, des fentimens d'amour & d'admiration ; & j'aurois facrifié mille fois ma vie pour conferver fes jours. Je ne pûs foutenir un fpectacle fi touchant ; je partis brufquement en pofte ; & je vins me confiner dans un coin de ma province, pour y donner un libre cours à mes pleurs & à mes regrets.

1715.

C'eft ici que finiffent les Mémoires de M. du Guay. Quoique le refte de fa vie ait été rempli d'époques honorables, qui ont toujours fait voir le cas que le miniftere faifoit de lui, il n'en avoit point écrit l'hiftoire , & on ne l'a tirée que de quelques piéces qu'on a trouvées parmi fes papiers après fa mort. On a cru que le public auroit pris affez d'intérêt dans la perfonne de M. du Guay , par toutes les actions qu'on vient de lire , pour être curieux de l'hiftoire de fon repos, & des dernieres années de fa vie.

La

La paix que Louis XIV. laiſſa en mourant, ôta
bien à M. du Guay les moyens qu’on regarde comme les plus éclatans, de faire valoir ſon zéle pour
le bien de l’Etat ; mais ce zéle ne demeura pas inutile. Il ne feroit en effet guére poſſible qu’un homme qui poſſede tous les talens d’un art auſſi difficile
que celui de la guerre, n’en eut pas pluſieurs de
ceux qui ſervent pendant la paix. Les ſoins & l’intelligence pour perfectionner la conſtruction des
vaiſſeaux, la vigilance & l’ordre pour entretenir
la diſcipline dans les ports, où M. du Guay commandoit, font des choſes moins brillantes que des
combats, mais dont il s’acquittoit avec la même ardeur, parce qu’il ſavoit qu’elles ne font pas moins
importantes.

La confiance qu’avoit en lui le grand Prince,
qui gouverna la France pendant la minorité, parut
dans une occaſion, qui avoit un rapport très-im-
médiat au bien de l’Etat. M. le Régent jugea qu’un
homme, tel que M. du Guay, feroit fort utile dans
le conſeil des Indes ; & il le nomma à la tête de
quelques officiers de marine, qui devoient former
une partie de ce conſeil. Sa ſanté ne lui permettoit
guére alors ni d’aſſiſter aux aſſemblées, ni de s’ap-
pliquer

pliquer à des matieres, qui pourroient demander une forte attention. D'un autre côté il ne pouvoit se résoudre à refuser ses soins dans une occasion où on les croyoit utiles. On verra quelles étoient ses dispositions sur cela par la lettre qu'il écrivit à M. le cardinal du Bois, & on connoîtra par la réponse que lui fit ce ministre, combien il jugeoit nécessaires les conseils & les lumieres de M. du Guay, puisque, malgré tout l'intérêt qu'il prenoit à son rétablissement, il l'engageoit à employer les heures, que ses indispositions pourroient lui donner, à faire des mémoires, & suspendoit le réglement & l'arrangement du conseil des Indes, jusqu'à ce qu'il eût eu son avis.

A Paris, le 1723.

M ONSEIGNEUR,

JE dois à Votre Eminence mille remercimens très-humbles des marques d'estime dont elle m'honore, en me faisant choisir pour membre du conseil des Indes. J'ai tant de fois sacrifié ma santé, & je me suis livré à tant de perils pour le service du Roi, que je ne balancerai jamais sur l'obéissance

D d　　que

que je dois à fes ordres ; ainfi , Monfeigneur , vous
êtes le maître de difpofer de moi en tout ce qui regarde fon fervice , & le bien de l'Etat. Cependant
je me trouve dans la rude néceffité de repréfenter
à V. E. que depuis long-temps je fuis attaqué d'une
maladie très-grave , laquelle m'a fait venir à Paris ,
où je fuis dans les traitemens , fans favoir quand je
pourrai en fortir ; fi-tôt qu'ils feront terminés, je ferai obligé , pour raffermir ma fanté , de prendre le
lait d'âneffe à la campagne , & enfuite les eaux mi-
nérales : d'ailleurs tous mes meubles & mes domef-
tiques font à Breft ; & fi dans l'état fâcheux où fe
trouve ma fanté , il faut encore les tranfporter , ce
fera pour moi un furcroît d'embarras & de chagrin
très-fenfible ; après cela , Monfeigneur , difpofez de
mon fort , fi vous m'eftimez affez pour croire que
le facrifice de ma fanté & du repos , dont j'ai grand
befoin , foit néceffaire au bien de l'Etat : ordonnez ,
& vous ferez obéi , avec toute l'ardeur & le zéle dont
je fuis capable. Un accident , qui m'eft arrivé ce
matin , m'empêche , Monfeigneur , d'aller prendre
vos ordres ; auffi-tôt qu'il fera calmé, j'aurai cet honneur. Je fuis, &c.

RÉPONSE.

RÉPONSE.

A Verſailles, le 1723.

VOTRE zéle, Monſieur, pour le ſervice du Roi, votre politeſſe, & votre complaiſance pour tout ce ce qu'on peut deſirer de vous, ſont autant connus que vos talens & vos actions. Je ſuis ſenſiblement touché de la maniere dont vous m'écrivez ; elle m'engage à vous répondre ſur le champ, qu'il faut préférer votre ſanté à tout. Je vous eſtime trop pour ne pas penſer que votre guériſon eſt un ſoin qui intéreſſe l'Etat. Ne penſez donc qu'au rétabliſſement de votre ſanté, auquel je voudrois pouvoir contribuer ; & pour cet effet, ſi les ſecours des habiles gens que nous avons ici vous ſont utiles, ils vous aideront de leurs conſeils, & de leurs ſoins. S'il vous convenoit même de vous tranſporter à Verſailles, ils ſeroient auprès de vous, & vous auriez tous les jours leurs ſecours, l'air de la campagne, & le lait. Il ſuffira, juſqu'à ce que votre ſanté ſoit bien affermie, & vos affaires arrangées, que vous aidiez la compagnie des Indes de vos conſeils, ou ici, ou à Paris. Je n'ai pas voulu, non ſeulement donner au

D d 2

public,

public, mais même j'ai arrêté les réglemens qui doi-vent fixer l'arrangement du conseil des Indes , & ce qu'il convient mieux que chacun y fasse , jusqu'au temps où vous serez en état de me donner votre avis ; ainsi je vous prie , aux heures que vos indis-positions vous pourront donner , de me faire un petit mémoire de ce que vous croyez qu'on peut faire de mieux , pour faire prospérer le commerce de la compagnie , qui est le principal du royaume. Faites-moi part de vos réflexions sur ce sujet tout à votre aise ; car , encore une fois , je préfére votre santé à tout le reste ; & je souhaite de faire connoî-tre , par les attentions que j'aurai pour vous , Mon-sieur, le cas que je veux faire du mérite dans tout mon ministere. *Signé* , le C. DUBOIS.

M. du Guay vit par cette réponse que M. le car-dinal Dubois, malgré toutes les attentions qu'il avoit pour sa santé , souhaitoit qu'il acceptât la proposi-tion qu'il lui avoit faite , & qu'il le croyoit néces-saire au conseil des Indes. Aussi-tôt il oublia toutes ses incommodités , & ne pensa plus qu'à répondre à la confiance qu'avoit en lui le ministre. Il alloit assi-dûment toutes les semaines lui porter les réflexions

qu'il

qu'il faifoit, tant fur l'adminiftration générale de la compagnie, que fur tous les détails.

La premiere chofe que M. du Guay propofa à M. le cardinal Dubois, qui venoit de lui donner une place fi honorable dans le confeil des Indes, fut de fupprimer ce confeil, du moins d'en changer la forme, qu'il jugea trop faftueufe pour une affemblée de commerce. Il croyoit la fimplicité & la confiance, que demande le commerce, peu compatibles avec un fi grand appareil, & penfoit qu'une compagnie de négocians habiles, & d'une probité reconnue, qui travailleroient fous les yeux du miniftere, feroit plus propre à entretenir cette confiance, que toute autre adminiftration. M. du Guay fit fur cela un mémoire, dans lequel il propofoit un plan qu'on peut croire d'autant meilleur, qu'il reffembloit davantage à celui qu'on voit aujourd'hui établi dans la compagnie des Indes, & qui eft fi bien juftifié par le fuccès.

Cependant M. le cardinal Dubois, quoiqu'il approuvât ce plan, ne jugea pas à propos de changer fi promptement la forme de la compagnie, après tant de changemens qu'elle avoit déja éprouvés ; & il arriva ici ce qui arrive quelquefois, qu'on remit

à

à un autre temps , une chofe qui étoit bonne dès-
lors. En effet , tout changement a toujours quelques
défavantages , & quoique l'état nouveau qu'on en-
vifage foit préférable , il n'eft pas toujours facile de
pefer jufte le dommage , & l'avantage qu'apporte-
ra le changement.

M. du Guay tourna alors toutes fes vûes vers le
commerce de la compagnie des Indes , c'eft-à-dire ,
vers le nombre de vaiffeaux qu'elle devoit envoyer ,
& la quantité des marchandifes qu'elle devoit rapporter, afin que non feulement elle fournît le royaume de tout ce qui étoit néceffaire pour fa confom-
mation ; mais encore afin que toutes les marchandifes des Indes fuffent affez communes , & à un affez bas prix, pour faire ceffer tout le profit que pourroient faire les étrangers, en introduifant en France
ces marchandifes.

M. le cardinal Dubois témoigna jufqu'à fa fin les
mêmes fentimens pour M. du Guay. Les bontés de
ce miniftre étoient telles, qu'il l'appelloit fouvent
fon ami , même en plein confeil ; & fa confiance
étoit fi grande , qu'il ne bornoit pas les converfa-
tions qu'il avoit avec lui , à ce qui regardoit la marine : il vouloit fouvent favoir ce qu'il penfoit fur

d'autres

d'autres matieres , qui n'y avoient point de rapport.
M. du Guay lui diſoit preſque toujours que ces matieres étoient au-deſſus de ſa portée ; mais le mini-
ſtre en jugeoit autrement ; la mort enleva M. le
cardinal Dubois , dans le temps où M. du Guay
pouvoit beaucoup attendre de l'eſtime , & de l'amitié qu'il avoit pour lui.

S. A. R. s'étant chargée de la place de premier mi-
niſtre , ce grand Prince , protecteur déclaré de tous
les talens , connoiſſoit trop ceux de M. du Guay ,
pour n'en pas faire tout le cas qu'ils méritoient. La
premiere grace que M. du Guay lui demanda , fut
de le diſpenſer d'aſſiſter au conſeil des Indes.
S. A. R. la lui accorda ; mais à condition qu'il viendroit une fois par ſemaine lui dire librement ce qu'il
penſoit ſur le commerce ; entretiens , que M. le duc
d'Orleans jugeoit apparemment encore plus utiles ,
que la préſence de M. du Guay dans le conſeil des
Indes. M. du Guay , flatté d'être conſulté par un
prince ſi éclairé , tâcha de mériter cet honneur par
ſon aſſiduité à ces entretiens , & par toutes les réflexions qu'il y apportoit. Il ne ceſſoit , ſur-tout , de
repréſenter l'utilité dont il étoit pour la France , d'entretenir une marine toujours prête , & capable d'inſ-

pirer

pirer aux nations voifines la même idée de grandeur que la puiffance de la France leur infpire ; mais la mort de S. A. R. fit bien-tôt perdre à M. du Guay le plus grand protecteur qu'il pût avoir, & il reffentit la confiance dont ce Prince l'avoit honoré avec tant de reconnoiffance, qu'il auroit pû avoir pour tous les autres bienfaits, qu'on regarde d'ordinaire comme ayant plus de réalité.

Cependant on ne l'oublioit pas à la cour ; le Roi le fit commandeur de l'Ordre de faint Louis le premier Mars 1728, & lieutenant général dans la promotion du vingt-fept du même mois.

M. le comte de Maurepas, qui a toujours honoré M. du Guay d'une eftime particuliere, lui procura en 1731 le commandement d'une efcadre que le Roi envoya dans le Levant, qui étoit compofée des vaiffeaux l'*Efpérance* de foixante-douze canons, monté par M. du Guay, le *Leopard* de foixante, par M. de Camilly, le *Touloufe* de foixante, par M. de Voifins, & l'*Alcyon* de cinquante-quatre, par M. de la Valette-Thomas. Cette efcadre deftinée à foutenir l'éclat de la nation Françoife dans toute la Méditerranée, partit le 3 Juin ; elle arriva bien-tôt à Alger, où M. du Guay fit rendre par le Dey plufieurs

fieurs efclaves Italiens pris fur nos côtes. De-là elle alla à Tunis, où M. du Guay ayant marqué au Dey, que la cour n'étoit pas contente de fes corfaires, l'affaire fut auffi-tôt terminée à l'honneur de la nation, & à l'avantage du commerce ; paffant enfuite à Tripoli de Barbarie, M. du Guay affermit la bonne intelligence qui eft entre notre nation, & fon Dey, dont il reçut les plus grands honneurs.

M. du Guay jugea à propos, pour abréger la campagne, de détacher le *Leopard*, & l'*Alcyon*, qui furent vifiter Alexandrie, Saint-Jean d'Aire, & Seyde, tandis qu'il alloit, avec l'*Efpérance*, & le *Toulouze*, à Alexandrette, & à Tripoli de Syrie. L'efcadre fe rejoignit à l'ifle de Chipre ; & après avoir mouillé dans différentes ifles de l'Archipel, vint à Smirne. M. du Guay y parut avec beaucoup de dignité, & y régla toutes les affaires avec autant de fuccès. De-là il fit voile vers Toulon, où il arriva le premier novembre. Le principal mérite d'une expédition de cette efpéce, qui ne préfentoit pas à M. du Guay d'occafions d'exercer fa valeur, étoit d'infpirer du refpect pour la nation, de régler les affaires d'une maniere avantageufe pour le commerce, & d'y parvenir de la maniere la plus prompte,

E e &

& qui coutât le moins de dépenfe au Roi. Toutes ces chofes furent remplies.

Après cette campagne M. du Guay demeura dans l’inaction ; mais la guerre avec l’Empereur s’étant allumée en 1733 , & les armemens confidérables , que les Anglois faifoient , étant fufpects , la cour donna à M. du Guay le commandement d’une efcadre qu’elle fit armer à Breft.

Après tant d’années de paix, l’efpoir prochain de fignaler fon zéle pour le fervice de l’Etat, lui fit oublier tous les accidens qui menaçoient fa fanté depuis long-temps. Jamais officier dans la fleur de fon âge , dans la foif la plus forte de réputation, n’a montré plus d’ardeur , ni plus d’activité que M. du Guay en montroit ; allant continuellement vifiter les vaiffeaux, faifant faire à fes troupes tous les jours de nouveaux exercices , & tous les mouvemens aufquels il les deftinoit , fur-tout les exerçant pour les defcentes, qu’il regardoit comme celles de toutes les opérations maritimes qui demandent le plus d’ordre , & de précaution.

Cependant tous ces préparatifs furent inutiles. Les vaiffeaux, fans être fortis de la rade , rentrerent dans le port , & la paix qui fe fit bien-tôt après avec

l’Empereur ,

l'Empereur, fit perdre à M. du Guay toutes les ef-
pérances qu'il avoit conçues. Il reſſentit alors ſes incommodités, qu'il n'y avoit que ſes projets qui
fuſſent capables de ſuſpendre ; il fut bien-tôt dans
un état ſi triſte, que s'étant fait tranſporter avec
grande peine à Paris, les médecins jugerent que
tout leur art lui ſeroit inutile. Sentant lui-même
approcher ſa fin, il écrivit à M. le cardinal de Fleury une lettre, à laquelle S. E. qui connoiſſoit tout
ſon mérite, voulut bien faire la réponſe ſuivante,
qu'on nous permettra de rapporter, comme un mo-
nument précieux pour ſa mémoire.

A Verſailles, le Septembre 1736.

Sɪ j'ai différé, Monſieur, de répondre à votre lettre du dix-ſept, ce n'a été que pour la pouvoir lire
au Roi, qui en a été attendri, & je n'ai pû moi-
même m'empêcher de répandre des larmes : vous
pouvez être aſſûré que S. M. ſera diſpoſée, en cas
que Dieu vous appelle à lui, à donner des marques
de ſa bonté à votre famille ; & je n'aurai pas de peine à faire valoir auprès d'elle votre zéle & vos ſervices. Dans le triſte état où vous êtes, je n'oſe vous

E e 2 écrire

écrire une plus longue lettre , & je vous prie d'être perfuadé que je connois toute l'étendue de la perte que nous ferons , & que perfonne au monde n'a pour vous des fentimens plus remplis d'eftime & de confidération , que ceux avec lefquels je fais profeffion , Monfieur , de vous honorer. *Signé*, le C. DE FLEURY.

Après avoir reçu ce dernier témoignage des bontés du Roi , & de l'eftime de M. le cardinal de Fleury, il ne penfa plus qu'à la mort : & cette mort méprifée dans les combats, mais qui a effrayé quelquefois les plus grands capitaines, qui l'attendoient dans leur lit, ne parut pas à M. du Guay différente de ce qu'il l'avoit vûe fi fouvent , & ne lui caufa pas plus d'allarmes. Il l'attendit avec toute la fermeté qu'un grand courage peut donner ; & après avoir rempli tous les devoirs de la religion , il mourut le vingt-fept Septembre 1736.

M. du Guay-Trouin avoit une de ces phifionomies qui annoncent ce que font les hommes , & la fienne n'avoit rien que de grand à annoncer. Il étoit d'une taille avantageufe , & bien proportionnée , & il avoit pour tous les exercices du corps, un goût

&

& une adreſſe qui l'avoient ſervi dans pluſieurs occaſions. Son tempérament le portoit à la triſteſſe,
ou du moins à une eſpece de mélancolie, qui ne lui
permettoit pas de ſe prêter à toutes les converſations; & l'habitude qu'il avoit de s'occuper de grands
projets, l'entretenoit dans cette indifférence pour
les choſes, dont la plûpart des gens s'occupent. Souvent après lui avoir parlé long-temps, on s'apper-
cevoit qu'il n'avoit ni écouté, ni entendu; ſon eſprit étoit cependant vif & juſte; perſonne ne ſentoit
mieux que lui tout ce qui étoit néceſſaire pour faire
reuſſir une entrepriſe, ou ce qui pouvoit la faire
manquer; aucune des circonſtances ne lui échap-
poit. Lorſqu'il projettoit, il ſembloit qu'il ne comp-
tât pour rien ſa valeur, & qu'il ne dût réuſſir qu'à
force de prudence; lorſqu'il exécutoit, il paroiſſoit
pouſſer la confiance juſqu'à la témérité.

M. du Guay avoit, comme on a pû voir dans ſes
mémoires, certaines opinions ſingulieres ſur la pré-
deſtination & les preſſentimens; s'il eſt vrai que ces
opinions peuvent contribuer à la ſécurité dans les
perils, il eſt vrai auſſi qu'il n'y a que les ames très-
courageuſes chez qui elles puiſſent s'établir aſſez,
pour les faire agir conſéquemment.

Le

Le caractere de M. du Guay étoit tel qu'on auroit pû le defirer dans un homme dont il auroit fait
tout le mérite : jamais homme n'a porté les fentimens d'honneur à un plus haut point;& jamais homme n'a été d'un commerce plus sûr & plus doux. Jamais ni fes actions , ni leurs fuccès n'ont changé fes
mœurs. Dans fa plus grande élévation il vivoit avec
fes anciens amis comme il eut fait , s'il n'eut eû que
le même mérite , & la même fortune qu'eux : il feroit cependant fubitement paffé de cette fimplicité
à la plus grande hauteur , avec ceux qui auroient
voulu prendre fur lui quelque air de fupériorité
qu'ils n'auroient pas méritée. Il étoit prêt alors à regarder fa gloire comme une partie du bien de l'E-
tat , & à la foutenir de la maniere la plus vive. C'eft
par ces qualités qu'il s'eft toujours fait aimer , & con-
fidérer dans le corps de la marine , où il y a un fi
grand nombre d'officiers diftingués par leur valeur
& par leur naiffance.

On a reproché à M. du Guay un peu de dureté
dans la difcipline militaire. Connoiffant combien
cette difcipline eft importante , & craignant trop de
ne pas parvenir à fon but , peut-être avoit-il tiré un
peu au-deffus pour l'atteindre.

M. du

M. du Guay poſſédoit une vertu que nous devons d'autant moins paſſer ſous ſilence, qu'on ne la croit peut-être pas aſſez liée aux autres vertus des héros. Il étoit d'un tel déſintéreſſement, qu'après tant de vaiſſeaux pris, & une ville du Breſil réduite ſous ſa puiſſance, il n'a laiſſé qu'un bien médiocre, quoique ſa dépenſe ait toujours été bien réglée.

Il n'a jamais aimé ni le vin ni la table; il eut été à ſouhaiter qu'il eut eû la même retenue ſur un des autres plaiſirs de la vie; mais ne pouvant réſiſter à ſon penchant pour les femmes, il ne s'étoit attaché qu'à éviter les paſſions fortes & longues, capables de trop occuper le cœur.

LETTRES

LETTRES DE NOBLESSE

DE MM. DE LA BARBINAIS ET DU GUAY,
dont il est parlé à la page 153. de ces Mémoires.

LOUIS, par la grace de Dieu, Roi de France & de Navarre, à tous présens & à venir : SALUT. Aucune récompense ne touchant plus ceux de nos sujets qui se distinguent par leur mérite, que celles qui sont honorables, & passent à leur postérité: Nous avons bien voulu accorder nos Lettres d'ennoblissement à nos chers & bien amés Luc Trouin de la Barbinais, & René Trouin du Guay, capitaine de vaisseau. Ces deux freres, animés par l'exemple de leur ayeul, & de leur pere, qui ont utilement servi pendant longues années dans la place de Conful de la nation Françoise à Malgue, n'ont rien oublié pour mériter la grace que nous voulons aujourd'hui leur départir. Le sieur Luc Trouin de la Barbinais, après nous avoir aussi servi dans la même place de Conful à Malgue, & y avoir soutenu nos interêts, & ceux de la nation avec tout le zéle & la fidélité qu'on pouvoit desirer, s'adonna particulierement

lierement en notre ville & port de Saint-Malo , à
armer des vaisseaux , tant pour l'avantage du commerce de nos sujets , que pour troubler celui de nos
ennemis : & ces armemens ont été portés jusqu'à un
tel point , qu'étant commandés par ses freres , ils
ont eu tous les succès qu'on devoit attendre de braves officiers ; deux de sesdits freres ayant été tués en
combattant glorieusement pour l'honneur de la nation , ce que ledit sieur de la Barbinais a soutenu
avec une grande dépense , préférant toujours le bien
de notre service à ses interêts : en sorte que jusqu'à
présent il a par ses soins , par son propre bien , &
son crédit , tenu en mer des escadres considérables
de vaisseaux , tant pour le commerce , que pour faire
la guerre aux ennemis. C'est dans le commandement de ces vaisseaux , & de ces escadres entieres ,
que ledit René Trouin du Guay son frere , a montré qu'il est digne des graces les plus honorables :
car en 1 6 8 9 . n'ayant encore que quinze ans , il
commença à servir volontaire sur un vaisseau corsaire de dix-huit canons, il donna les premieres preuves de sa valeur à la prise d'un vaisseau flessingois
de même force , dont ledit corsaire se rendit maître
après deux heures de combat. Il se distingua de

F f

même

même en servant sur un autre corsaire de vingt-six canons à l'attaque d'une flotte de quatorze navires anglois de différentes forces , que le commandant dudit vaisseau se résolut d'attaquer sur les vives instances dudit sieur du Guay : aussi étant rempli d'ardeur & de bonne volonté, il sauta le premier à bord du commandant ennemi , qui fut enlevé ; & son activité en cette occasion fut telle , qu'après la prise de celui-là , il se trouva encore le premier à l'abordage d'un des plus gros navires de la même flotte. Ses campagnes de 1691. 1693. & 1694. furent marquées par une descente qu'il fit dans la riviere de Limerik , où il prit un brulot, trois bâtimens, & enleva deux vaisseaux anglois , qui escortoient une flotte , & prit aussi un vaisseau de quatre hollandois, qu'il attaqua avec une de nos frégates , dont nous lui avions confié le commandement. Il acquit même beaucoup de gloire dans le commandement de cette même frégate , quoi qu'il se vît réduit à céder , & se rendre à quatre vaisseaux anglois , contre lesquels il combattit pendant quatre heures , & y fut dangereusement blessé : & s'étant évadé des prisons d'Angleterre par une entreprise hardie ; cette même année 1694. ne se passa pas sans qu'il donnât de

nouvelles

nouvelles marques de sa valeur, ayant, avec un de
nos vaisseaux de quarante-huit canons, attaqué &
pris deux vaisseaux anglois de trente-six & quarante-
six canons, après un combat de deux jours : & peu
de temps après il prit trois vaisseaux venans des Indes, richement chargés. En 1695. se servant d'un
vaisseau qu'il avoit pris la campagne précédente, &
d'une autre frégate commandée par un de ses freres;
il fit une descente près du port de Vigo, brûla un
gros bourg, enleva deux prises considérables qu'il
amena en France, après avoir perdu son frere en
cette occasion, & avoir défendu ces deux prises contre l'avant-garde des ennemis. Le baron de Wassenaër, à présent vice-admiral d'Hollande, qui commandoit en 1696. trois vaisseaux hollandois, es-
cortant une flotte de vaisseaux marchands de la même nation, éprouva la valeur dudit sieur Trouin du
Guay, qui le combattit à forces inégales, & cependant se rendit maître du vaisseau que ledit sieur de
Wassenaër commandoit, & d'une partie de la flotte,
qui étoit sous son escorte. La guerre présente ayant
commencé, il eut le commandement d'une de nos
frégates de trente-six canons, & prit un vaisseau
hollandois de pareille force. L'année 1704. fut en-

          core

core marquée par la prife qu’il fit d’un vaiffeau anglois de foixante-douze canons, n’ayant qu’un vaiffeau de cinquante-quatre qu’il montoit ; & prit encore un autre vaiffeau de cinquante-quatre canons.
En 1705. il fe rendit maître d’un vaiffeau fleffingois
de trente-huit canons, après un rude combat ; & un
de fes freres étant à la pourfuite de ceux qui lui
avoient échappé, il reçut une bleffure, dont il mourut quatre jours après. Pour l’attacher encore plus
particulierement à notre fervice, Nous l’honorâmes
d’une commiffion de capitaine de vaiffeau ; & peu
de temps après il attaqua une flotte de treize navires, efcortée par une frégate de trente-quatre canons, fe rendit maître de la frégate, & de prefque
tous les vaiffeaux de la flotte : & ayant en 1707.
joint une efcadre de nos vaiffeaux armée à Dunkerque, il fçût y fervir fi utilement avec quatre vaiffeaux qu’il avoit fous fon commandement, que notre efcadre ayant attaqué une flotte efcortée par cinq
gros vaiffeaux de guerre anglois, ledit fieur du Guay-
Trouin eut le bonheur d’attaquer & prendre à l’a-
bordage le commandant de quatre-vingt-deux canons, & de contribuer beaucoup aux autres avantages que l’efcadre de nos vaiffeaux remporta, tant

fur

les vaiffeaux de guerre anglois, que fur la flotte.
Enfin, en la préfente année 1709. ayant le commandement de quatre vaiffeaux de foixante, de quarante, & de vingt canons, il attaqua une autre flotte efcortée par trois vaiffeaux anglois de cinquante,
foixante, & foixante-dix canons, en prit plufieurs,
& peu de temps après prit encore à l'abordage un
autre vaiffeau anglois de foixante canons, qu'il n'a-
bandonna que quand il s'y vit contraint à la vûe de
dix-fept vaiffeaux de guerre ennemis; en forte que
ledit fieur du Guay-Trouin peut compter qu'il a
pris, depuis qu'il s'eft adonné à la marine, plus de
trois cens navires marchands, & vingt vaiffeaux de
guerre ou corfaires ennemis. Toutes ces actions confidérables, & le zéle dudit fieur de la Barbinais fon
frere, dont nous fommes pleinement fatisfaits,
nous ont excités à leur en donner des marques.
A CES CAUSES, & autres confidérations à ce Nous
mouvant, de notre propre mouvement, grace fpé-
ciale, pleine puiffance, & autorité royale, Nous
avons lefdits Luc Trouin de la Barbinais, & René
Trouin du Guay, leurs enfans, & poftérité, nés &
à naître en légitime mariage, ennoblis, & ennoblif-
fons par ces Préfentes, fignées de notre main; & du
titre

titre & qualité de nobles & d'Ecuyers, les avons dé-
corés & décorons. Voulons, & nous plaît, qu'en
tous lieux & endroits, tant en jugement, que dehors, ils foient tenus, cenfés, réputés nobles &
Gentilshommes, & comme tels qu'ils puiffent prendre la qualité de nobles & d'Ecuyers, & parvenir à
tous degrés de chevalerie & autres dignités, titres,
& qualités réfervées à la nobleffe ; jouir & ufer de
tous les honneurs, privileges, prérogatives, prééé-
minences, franchifes, libertés, & exemptions dont
jouiffent les autres nobles de notre royaume, tout
ainfi que s'ils étoient iffus de noble & ancienne race;
tenir & poffédér tous fiefs, terres, & feigneuries
nobles, de quelque titre & qualité qu'elles foient :
leur permettons en outre de porter armoiries tim-
brées, telles qu'elles feront réglées & blafonnées par
le fieur d'Hozier, juge d'armes de France, & ainfi
qu'elles feront peintes & figurées dans ces préfentes, aufquelles fon acte de réglement fera attaché
fous le contre-fcel de notre chancellerie ; icelles faire mettre, & peindre, graver, & infculper en leurs
maifons & feigneuries, ainfi que font & peuvent
faire les autres nobles de notre royaume. Et pour
leur donner un témoignage honorable de la confidération

dération que nous faifons de leurs fervices, nous
leur permettons d'ajouter à leurs armes deux fleurs
de lys d'or , & d'y mettre au cimier pour devife ,
DEDIT HÆC INSIGNIA VIRTUS. Sans que pour
raifon des préfentes lefdits fieurs Trouin & leurs
defcendans foient tenus de nous payer , ni à nos
fuccefleurs Rois , aucune finance ni indemnité ,
dont nous leur avons fait & faifons don par cefdites
préfentes , à la charge de vivre noblement , & de ne
faire aucun acte dérogeant à nobleffe. (a) SI DON-
NONS EN MANDEMENT à nos amés & feaux confeil-
lers les gens tenant nos cours de parlement,& chambre des comptes de Bretagne , que ces préfentes ils
ayent à faire regiftrer; & du contenu en icelles, faire
jouir & ufer lefdits fieurs Trouin , leurs enfans &
poftérité nés & à naître en loyal mariage, pleinement , paifiblement , & perpétuellement , ceffant ,
& faifant ceffer tous troubles & empêchemens,
nonobftant toutes ordonnances, arrêts & réglemens

(a) Les armoiries font un écu d'argent, à une ancre de fable ,
& un chef d'azur, chargé de deux fleurs de lys d'or; cet écu
timbré d'un cafque de profil , orné de fes lambrequins d'or , d'a-
zur, d'argent, & de fable ; & au-deffus en cimier, pour devife :
DEDIT HÆC INSIGNIA VIRTUS.

à

à ce contraires, aufquels, & aux dérogatoires y con-
tenus, nous avons dérogé & dérogeons par cefdites
préfentes : CAR tel eft notre plaifir. Et afin que ce
foit chofe ferme & ftable à toujours, Nous avons
fait mettre notre fcel à cefdites préfentes. DONNE' à
Verfailles au mois de juin l'an de grace mil fept cent
neuf, & de notre regne le foixante-feptiéme. *Signé*,
LOUIS, & plus bas. Par le Roi. PHELIPPEAUX.

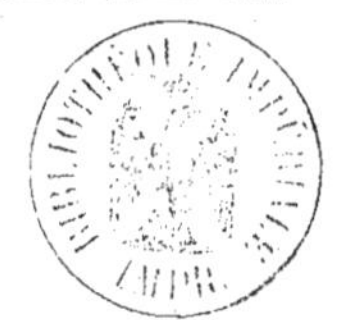

ETAT

DES OFFICIERS, MAJORS,

& Equipages des Vaiſſeaux du Roi, commandés par M. du GUAY-TROUIN, pendant les années cy-après, dont les armemens ont été faits au port de Breſt.

Année 1702.

La Bellonne, & la Railleuſe.

La Bellonne.

MESSIEURS,

Du Guay-Trouin, Capitaine.	1
Launay-Gravé, Capitaine en ſecond.	1
Severin, premier Lieutenant.	1
Trouin, ſecond Lieutenant.	1
Du Servy, troiſiéme Lieutenant.	1
Sauray, premier Enſeigne.	1
Lhoſtellier, ſecond Enſeigne.	1
Aumônier.	1
Ecrivain.	1
Chirurgien.	1
Officiers, Mariniers, & Matelots.	192
Soldats, ou Volontaires.	56
Hommes,	258

Gg   *La*

La Railleuſe.

MESSIEURS,

La Mothe - Daniel , C.	1
Pradel - Daniel , S. C.	1
Fontenay Prudhomme , L.	1
Broſſin , S. L.	1
Chapelle le Roy , E.	1
S. E.	1
Aumônier.	1
Ecrivain.	1
Chirurgien.	1
Officiers , Mariniers , & Matelots.	69
Soldats , ou *Volontaires.*	39
Hommes ,	117

Année 1703.

L'Eclatant , le Furieux , le Bienvenu.

L'Eclatant.

MESSIEURS,

Du Guay - Trouin , C.	1
Courſerac , S. C.	1
Saint - Auban , L.	1
Duchatelet , S. L.	1
Trouin , T. L.	1
Hommes ,	5

Suite

Suite de l'Eclatant.

Nogent, E.	1
Panard, S. E.	1
Touffay,	1
Martel,	1
Broffin,	1
Officiers Majors,	10
Aumônier,	1
Ecrivain,	1
Chirurgien,	1
Officiers, *Mariniers*, & *Matelots*,	441
Soldats ou *Volontaires*,	92
Mouffes,	21

Hommes, 577

Le Furieux.

M E S S I E U R S,

Demarets Herpin, C.	1
Kerguelin, S. C.	1
De Berry, L.	1
Marigny, S. L.	1
Defvilers, T. L.	1
Villefort, Q. L.	1
Tromeur Jegou, E.	1
Barilly, S. E.	1
Bary, T. E.	1

Hommes, 9

Ggij   *Suite*

Suite du Furieux.

Aumônier,	1
Ecrivain,	1
Chirurgien,	1
Officiers, *Mariniers*, & *Matelots*,	355
Soldats ou *Volontaires*,	82
Mousses,	7
	Hommes, 456

Le Bienvenu.

MESSIEURS,

Desmarques, C.	1
Des Ursins, S. C.	1
La Vergne, L.	1
Salvy, S. L.	1
Maison-Neuve, E.	1
Renneval, S. E.	1
Le Fricq, T. E.	1
Milliere, Q. E.	1
Aumônier,	1
Ecrivain,	1
Chirurgien,	1
Officiers, *Mariniers*, & *Matelots*,	191
Soldats ou *Volontaires*,	37
	Hommes, 239

Année

Année 1704.

*Le Jason, l'Auguste, la Valeur, & la Mouche,
différentes sorties.*

Le Jason, premiere sortie.

Messieurs,

Du Guay-Trouin, C.	1
Saint-Auban, S. C.	1
La Jaille, L.	1
Des Ursins, S. L.	1
Fossieres, T. L.	1
Nogent, E.	1
Du Houllay, S. E.	1
Du Belloy, T. E.	1
Salvy, Q. E.	1
Barilly, Cinq. E.	1
Ferrieres, Six. E.	1
Du Vivier, Sept. E.	1
Aumônier,	1
Ecrivain,	1
Chirurgien,	1
Officiers, Mariniers, & Matelots,	327
Soldats ou *Volontaires,*	78
Valets & Mousses,	18
Hommes,	438

L'Auguste,

L'Auguste, premiere sortie.

MESSIEURS,

Desmarques, C.	1
Dausmont, S. C.	1
Duchastel, L.	1
Deplane, S. L.	1
Cholenne, T. L.	1
Martonne, E.	1
Du Gasperu, S. E.	1
Maison-Neuve, T. E.	1
Deschelles, Q. E.	1
Kerouriou, Cinq. E.	1
Filouze, Six, E,	1
Aumônier,	1
Ecrivain,	1
Chirurgien,	1
Officiers, Mariniers, & Matelots,	310
Soldats ou *Volontaires,*	68
Valets & Mousses,	27
Hommes,	419

La Valeur, premiere sortie.

MESSIEURS,

Trouin, C.	1
Meillac-Gravé, S. C.	1
Hommes,	2

Suite

Suite de la Valeur.

M E S S I E U R S,

Pommeraye - Loquet, L.	1
Lalande - Loquet, S. L.	1
Villefort, T. L.	1
Martel, E.	1
Broſſin, S. E.	1
Daniel, T. E.	1
Aumônier,	1
Ecrivain,	1
Chirurgien,	1
Officiers, Mariniers, & Matelots,	122
Soldats,	25
Valets & Mouſſes,	14
	Hommes, 172

La Mouche, à la premiere ſortie.

M E S S I E U R S,

Launay - Gravé, C.	1

N⁴. On n'a pû trouver le nom des autres Officiers.

Officiers, Mariniers, & Matelots,	42
Volontaires & Mouſſes,	12
	Hommes, 55

Le

Le Jason, seconde sortie.

MESSIEURS,

Du Guay-Trouin, C.	1
Montholon, Com.	1
Saint-Auban, S. C.	1
La Jaille, L.	1
Des Ursins, S. L.	1
Fossieres, T. L.	1
Nogent, E.	1
Du Houllay, S. E.	1
Du Belloy, T. E.	1
Salvy, Q. E.	1
Barilly, Cinq. E.	1
Ferrieres, Six. E.	1
Du Vivier, Sept. E.	1
Aumônier,	1
Ecrivain,	1
Chirurgien,	1

Equipages à peu près comme à la premiere sortie.

L'Auguste, seconde sortie.

MESSIEURS,

Desmarques, C.	1
Dausmont, S. C.	1
Duchastel, L.	1
Deplane, S. L.	1

Hommes, 4

Suite

Suite de l'Auguste.

Martonne, E.	1
Du Gafperne, S. E.	1
Maifon-Neuve, T. E.	1
Defchelles, Q. E.	1
Kerouriou, Cinq. E.	1
Filouze, Six. E.	1
Aumônier,	1
Ecrivain,	1
Chirurgien,	1

Equipages à peu près comme à fa premiere fortie.

La Valeur, feconde fortie.

MESSIEURS,

Trouin, C.	1
Meillar-Gravé, S. C.	1
Pommeraye - Loquet, L.	1
Lalande - Loquet, S. L.	1
Villefort, T. L.	1
Hignard, E.	1

Le refte comme à fa premiere fortie.

Le Jafon, troifiéme fortie.

MESSIEURS,

Du Guay - Trouin, C.	1
Du Rofcouets, Com.	1

Hommes, 2

Hh   *Suite*

Suite du Jason.

De la Jaille, S. C.	1
Des Ursins, L.	1
Fossieres, S. L.	1
Nogent, T. L.	1
Du Houllay, E.	1
Du Belloy, S. E.	1
Salvy, T. E.	1
Barilly, Q E.	1
Ferrieres, Cinq. E.	1

Le reste à peu près comme à sa premiere sortie.

L'Auguste, troisiéme sortie.

MESSIEURS,

Dausmont, C.	1
Deplane, S. C.	1
De Cours, L.	1
De Liesta, S. L.	1
Du Gasté, T. L.	1
Bourville. Q. L.	1
Martonne, E.	1
Du Gasperne, S. E.	1
Maison-Neuve, T. E.	1
Deschelles, Q. E.	1
Lestobec, Cinq. E.	1
Pitre, Six. E.	1

Hommes, 12

Suite

Suite de l'Auguste.

Aumônier, ...	1
Ecrivain, ...	1
Chirurgien, ...	1

Le reste à peu près comme à sa premiere sortie.

La Valeur, troisiéme sortie.

MESSIEURS,

Trouin, C.	1
Villefort, S. C.	1
Martel, L.	1
Durand, S. L.	1
Boyer, E.	1
Hignard, S. E.	1
Keranmoal, T. E. . . , .	1

Le reste à peu près comme à sa premiere sortie.

Le Jason, quatriéme sortie.

MESSIEURS,

Du Guay-Trouin, C. . . .	1
Du Roscouets, Com.	1
La Jaille, S. C.	1
Des Ursins, L.	1
Beautruen, S. L.	1
Fossieres, T. L.	1
Nogent, Q. L.	1

Hommes, 7

 Suite

Suite du Jason.

Du Houllay, Cinq. L. . . .	1
Du Belloy, E.	1
Barilly, S. E.	1
Ferrieres, T. E.	1
Durand, Q. E.	1
Millieres, Cinq. E.	1

Le reste à peu près comme à sa premiere sortie.

L'Auguste, quatriéme sortie.

Messieurs,

Le Chevalier de Nesmond, C. . .	1
De Plane, S. C.	1
De Cours, L.	1
De Liesta, S. L.	1
Bourville, T. L.	1
Martonne, E.	1
Du Gasperne, S. E. . . .	1
Deschelles, T. E. . . .	1
Lestobec, Q. E.	1
Aumônier.	1
Ecrivain.	1
Chirurgien.	1

Le reste de l'Equipage à peu près comme à sa premiere sortie.

Année

Année 1705.

Le Jason, l'Auguste, la Valeur, différentes sorties.
Le Jason, premiere sortie.

M E S S I E U R S,

Du Gay‑Trouin, C.	1
La Jaille, S. C.	1
Des Ursins, L.	1
Fossieres, S. L.	1
Launay‑Gravé, T. L.	1
Nogent, Q. L.	1
Du Houlay, E.	1
Du Belloy, S. E.	1
Barilly, T. E.	1
Goubert, Q. E.	1
Millieres, Cinq. E.	1
Ferrieres, Six. E.	1
Villiers, Sept. E.	1
Aumônier,	1
Ecrivain,	1
Chirurgien,	1
Officiers, Mariniers, & Matelots,	255
Soldats ou *Volontaires,*	70
Valets & Mousses,	21

Hommes, 462

L'Auguste

L'Augufte, premiere fortie, fut pris.

M E S S I E U R S,

Le Chevalier de Nefmond, C. . 1
Decours, S. C. 1
De Liefta, L. 1
Paillard, S. L. 1
Pottin, T. L. 1
Bourville, Q. L. 1
Du Perré, E. 1
Defchelles, S. E. 1
Therefien, T. E. 1
Leftobec, Q. E. 1
Defgigoux, Cinq. E. . . . 1
Aumônier, ... 1
Ecrivain, ... 1
Chirurgien, ... 1
Officiers, Mariniers, & Matelots, . . 356
Soldats ou *Volontaires,* . . . 52
Valets & Mouffes, ... 25
____
. . . . . *Hommes,* 447
____

La Valeur, premiere fortie.

M E S S I E U R S,

Saint-Auban, C. , ... 1
Villefort, S. C. 1
____
. . . . *Hommes,* 2
____

Suite

Suite de la Valeur.

Martel, L.	1
Darie, S. L.	1
Hignard, E.	1
Keranmoal, S. E.	1
Aumônier.	1
Ecrivain.	1
Chirurgien.	1
Officiers, Mariniers, & Matelots,	149
Soldats ou *Volontaires,*	37
Valets & Mousses,	9
Hommes,	204

Le Jason, seconde sortie.

MESSIEURS,

Du Gay-Trouin, C.	1
La Jaille, S. C.	1
Des Ursins, L.	1
Foslieres, S. L.	1
Launay-Gravé, T. L.	1
Pottin, Q. L.	1
Martonne, E.	1
Barilly, S. E.	1
Goubert, T. E.	1
Ferrieres, Q. E.	1
Millieres, Cinq. E.	1
Hommes,	11

Suite

Suite du Jason.

Villiers, Six. E.	1
Aumônier,	1
Ecrivain,	1
Chirurgien,	1

Le reste de l'Equipage à peu près comme à sa premiere sortie de 1705.

Année 1 7 0 6.

Le Jason, & le Paon, differentes sorties.

Le Jason, premiere sortie.

MESSIEURS,

Du Gay-Trouin, C.	1
Des Ursins, S. C.	1
Fossieres, L.	1
Launay-Gravé, S. L.	1
Pottin, T. L.	1
Du Houllay, Q. E.	1
Barilly, E.	1
Ciret de Bromie, S. E.	1
Ferrieres, T. E.	1
Villers, Q. E.	1
Desgigoux, Cinq. E.	1
Lestobec, Six.	1
Aumônier,	1
	Hommes, 13

Suite

Suite du Jason.

Ecrivain,	1
Chirurgien,	1
Officiers, *Mariniers*, *& Matelots*,	333
Soldats ou *Volontaires*,	71
Valets & Mousses,	17
Hommes,	436

Le Paon, premiere sortie.

M E S S I E U R S,

La Jaille, C.	1
Dandenne, L.	1
Barry, S. L.	1
Marsilly, E.	1
Aumônier.	1
Ecrivain,	1
Chirurgien,	1
Officiers, *Mariniers*, *& Matelots*,	87
Soldats ou *Volontaires*,	22
Valets & Mousses,	11
Hommes,	127

Le Jason, seconde sortie.

M E S S I E U R S,

Du Guay-Trouin, C.	1
Hommes,	1

I i   *Suite*

Suite du Jason.

Des Urfins, S. C.	1
Fofifieres, L.	1
Launay-Gravé, S. L.	1
Pottin, T. L.	1
Du Houllay, Q. L.	1
Barilly, E.	1
Mefbles, S. E.	1
Ciret de Brom, T. E.	1
Ferrieres, Q. E.	1
Defgigoux, Cinq. E.	1
Dupleffis, Six. E.	1
Aumônier,	1
Ecrivain,	1
Chirurgien,	1

Le refte de l'Equipage à peu près comme à fa premiere fortie.

Année 1 7 0 7.

Le Lis, l'Achille, le Jafon, l'Amazonne, la Gloire & l'Aftrée.

Le Lis.

MESSIEURS,

Du Gay-Trouin, C.	1
Saint-Auban, S. C.	1
Brugnon, L.	1
	Hommes, 3

Suite

Suite du Lis.

Du Houllay, S. L.   1
Barilly, T. L.   1
Pottin, Q. L.   1
Sevilly, E.   1
Villers-Sainte-Croix, S. E.   1
De Grieu, T. E.   1
Ciret de Brom, Q. E.   1
De Vic, Cinq. E.   1
Chevalier de la Bedoyere, Six. E.   1
Ferrieres, Sept. E.   1
Defgigoux, Huit. E.   1
Villers-Saint-Paul, Neuv. E.   1
Le Brun, Com.   1
Aumônier,   1
Ecrivain,   1
Chirurgien,   1
Officiers Mariniers,   105
Matelots,   346
Soldats,   150
Volontaires,   19
Mouffes,   14

Hommes, 663

L'Achille.

MESSIEURS,

Le Chevalier de Beauharnois, C.   1
La Thuillerie, S. C.   1
Guichen de la Feronnaye, L.   1
Le Chevalier de Boulainvilliers, S. L.   1
Le Marquis de Conflans, T. L.   1
Du Belloy, Q. L.   1
Le Chevalier de Bois de la Motte, Cinq. L..   1
Dubois, Six. L.   1
Deschelles, E.   1
De la Bedoyere, S. E.   1
Gouville, T. E.   1
De Penvern, Q. E.   1
Maffiac, Cinq. E.   1
Plufquellec, Six. E.   1
Aumônier,   1
Ecrivain,   1
Chirurgien,   1
Officiers, Mariniers,   91
Matelots,   264
Soldats,   152
Volontaires,   6
Valets,   19
Mouffes,   18

Hommes, 567

Le

Le Jason.

M E S S I E U R S,

Le Chevalier de Courferac, C.	1
Chabert Cleron, S. C.	1
Cerquigny Daché, L.	1
Milieres, S. L.	1
Belle-Ifle, T. L.	1
Cany, Q. L.	1
Jolibert-Guay, E.	1
Tremergat, S. E.	1
Varennes, T. E.	1
Proiffy, Q. E.	1
Chalu de la Juffeliere, Cinq. E.	1
Aumônier,	1
Ecrivain,	1
Chirurgien,	1
Officiers, Mariniers,	71
Matelots,	226
Soldats,	90
Volontaire,	1
Valets,	17
Mouffes,	21

Hommes, 440

L'Amazonne.

L'*Amazonne.*

MESSIEURS,

Le Chevalier de Nesmond, C.	1
De Cours, S. C.	1
De Liesta, L.	1
Bourville, *S. L.*	1
Goubert, T. L.	1
La Tronchaye, E.	1
Du Heron, S. E.	1
Folligny, T. E.	1
Robert, Q. E.	1
Aumônier,	1
Ecrivain,	1
Chirurgien,	1
Officiers, Mariniers,	56
Matelots,	155
Soldats	94
Volontaires,	5
Valets,	16
Mousses,	16
	Hommes, 354

La *Gloire.*

MESSIEURS,

La Jaille, C.	1
La Calandre-de-Blois, S. C.	1
	Hommes, 2

Suite

Suite de la Gloire.

Ville-Neuve Fromont, L.		1
Noilles, S. L.		1
Liflegouthere, T. L.		1
Dandenne, E.		1
Dumenaye, S. E.		1
Mariteau, T. E.		1
Molande, Q. E.		1
Kret, Cinq. E.		1
Aumônier,		1
Ecrivain,		1
Chirurgien,		1
Officiers, Mariniers,		51
Matelots,		150
Soldats,		90
Volontaire,		1
Valets,		14
Moujfes,		22
	Hommes,	341

L'Aftrée.

MESSIEURS,

Lifle-Adam, C.		1
Saint-Hilaire, S. C.		1
Du Goutet, L.		1
Du Portail, E.		1
	Hommes,	4

Suite

Suite de l'Aftrée.

Du Halgouet, S. E.   1
Coulombe, T. E.   1
Aumônier,   1
Ecrivain,   1
Chirurgien,   1
Officiers, Mariniers,   35
Matelots,   69
Soldats,   45
Volontaire,   1
Valets,   9
Moufses,   7

Hommes, 175

Année 1 7 0 8.

Le Lis, le Saint Michel, l'Achille, le Jafon, l'Amazonne, la Gloire, l'Aftrée, la Catherine.

Le Lis.

M E S S I E U R S,

Du-Guay-Trouin, C.   1
Le Comte d'Arquien, S. C.   1
Ruys, L.   1
De Bayne, S. L.   1
Joganville, T. L.   1
Brugnon, E.   1

Hommes, 6

Suite

Suite du Lis.

Du Houllay, S. E. 1
Pottin, T. E. 1
Vignier, Q. E. 1
Du Belloy, Cinq. E. . . . 1
Sully Nogent, Six. E. . . . 1
La Coudraye, Com. . . . 1
Aumônier, ... 1
Ecrivain, ... 1
Chirurgien, ... 1
Officiers Mariniers, . . . 121
Matelots, ... 345
Volontaires, ... 6
Gardes de la Marine, . . 8
Soldats, ... 132
Valets, ... 21
Mousses, ... 22

    . . . . . *Hommes,* 670

Le Saint Michel.

M E S S I E U R S,

Giraldin, C. 1
Ricouart Longue-Joue, S. C. . . 1
Daiteland de Noirey, L. . . 1
Le Mausson, S. L. . . . 1

    . . . . *Hommes,* 4

Suite du Saint Michel.

Bouchau, T. L.	1
Saint-Hilaire , E.	1
Darcy, S. E.	1
Staffort, T. E.	1
Le Marquis de Conflans, Qu. E.	1
De Presle, Cinq. E.	1
Barilly, Six. E.	1
Goubert, Sept. E.	1
Aumônier,	1
Ecrivain,	1
Chirurgien,	1
Officiers, Mariniers,	114
Matelots,	351
Gardes de la Marine,	8
Volontaire,	1
Soldats, & Valets,	139
Mousses,	14
	Hommes, 642

L'Achille.

MESSIEURS,

Le Chevalier de Courserac, C.	1
De Plane, S. C.	1
Boisvilliers, L.	1
Sabrevois, S. L.	1
	Hommes, 4

Suite

Suite de l'Achille.

Dubuisson Varennes, E.	1
Morainville, S. E.	1
Guichen de la Feronnaie, T. E.	1
Belle-Isle, Q. E.	1
Aumônier,	1
Ecrivain,	1
Chirurgien,	1
Officiers, Mariniers,	101
Matelots,	289
Gardes de la Marine,	7
Volontaires,	3
Soldats,	103
Valets,	13
Mousses,	15
	Hommes, 542

Le Jason.

MESSIEURS,

Le Chevalier de Nesmond, C.	1
Chevalier de Laigle, S. C.	1
De Liesta L.	1
Bourville, E.	1
Boulainvilliers, S. E.	1
Massiac, T. E.	1
Aumônier,	1
	Hommes, 7

 Suite

Suite du Jaſon.

Ecrivain,	1
Chirurgien,	1
Officiers, Mariniers,	78
Matelots,	241
Gardes de la Marine,	6
Volontaire,	1
Soldats,	73
Valets,	12
Mouſſes,	7
	Hommes, 427

L'Amazonne.

MESSIEURS,

Le Chevalier de Courſerac, l'aîné, C.	1
Marigni - Longueil, S. C.	1
Guerſan, L.	1
Murat de Brouſte, E.	1
Tonnancourt, S. E.	1
Aumônier,	1
Ecrivain,	1
Chirurgien,	1
Officiers, Mariniers,	62
Matelots,	159
Gardes de la Marine,	3
Volontaire,	1
	Hommes, 233

Suite

Suite de l'Amazonne.

Soldats, ...	55
Valets, ...	10
Mousses, ...	7
. . . . Hommes,	305

La Gloire.

MESSIEURS,

La Jaille, C.	1
La Calandre, S. C.	1
Noilles, L.	1
Fromont de Villeneuve, S. L. . .	1
Lifle-Gouthere, E.	1
Meré, S. E.	1
Le Chevalier Dumenaye, T. E. . . .	1
Bedée, Q. E.	1
Aumônier, ...	1
Ecrivain, ...	1
Chirurgien, ...	1
Officiers, Mariniers, . . .	70
Matelots, ...	158
Volontaires, ...	3
Soldats, ...	66
Valets, ...	12
Mousses, ...	16
. . . . . Hommes,	336

L'Aftrée.

L'*Aftrée.*

MESSIEURS,

Kerguelin, C.	1
Deftry, S. C.	1
Du Goutet, L.	1
Cornouailles, S. C.	1
Penvern, E.	1
Villers-Saint-Paul, S. E.	1
Aumônier,	1
Ecrivain,	1
Chirurgien,	1
Officiers, Mariniers,	42
Soldats,	95
Matelots,	34
Valets,	11
Mouſſes,	12
Hommes,	203

La *Catherine.*

MESSIEURS,

Daniel, C.	1
Defgigoux, L.	1
Kerilly, E.	1
Ecrivain,	1
Chirurgien,	1
Hommes,	5

Suite

Suite de la Catherine.

Officiers, Mariniers,	10
Matelots,	25
Volontaire,	1
Valets,	5
Mousse,	1
	Hommes, 47

Année 1 7 0 9.

Le Lis, le Jason, l'Amazonne, la Gloire, l'Astrée.

Le Lis.

MESSIEURS,

Du Gay-Trouin, C.	1
La Harteloire de Betz, S. C.	1
Sabrevois, L.	1
Cerquigny, S. L.	1
Du Houllay, T. L.	1
Du Vignier, E.	1
Schéridan, S. E.	1
Cuffy, T. E.	1
De Grieu, Q. E.	1
Gouvello, Cinq. E.	1
La Jusseliere, Six. E.	1
Martonne, Sept. E.	1
	Hommes, 12

Suite du Lis.

Themereux, Huit. E.	1
Aumônier,	1
Ecrivain,	1
Chirurgien,	1
Officiers, Mariniers,	95
Matelots,	326
Soldats,	120
Volontaires,	4
Valets,	17
Mousses,	21
	Hommes, 599

Le Jason.

MESSIEURS,

Le Chevalier de Courserac, C.	1
Joganville, S. C.	1
Du Houllay, L.	1
Barilly, S. L.	1
Belisle, T. L.	1
Du Vigné, Q. L.	1
Sully de Nogent, Cinq. L.	1
Lisle-Gouthere, E.	1
Du Heron, S. E.	1
De Kret, T. E.	1
Martonne, Q. E.	1
	Hommes, 11

Suite

Suite du Jason.

Fromentiere, Cinq. E.	1
Aumônier,	1
Ecrivain,	1
Chirurgien,	1
Officiers, Mariniers, & Matelots,	309
Soldats, & Volontaires,	91
Valets, & Mousses,	26
	Hommes, 441

L'Amazonne.

MESSIEURS,

Le Chevalier de Courserac, C.	1
Joganville, S. C.	1
Belle-Isle, L.	1
Sully de Nogent, S. L.	1
Lille-Gouthere, E.	1
Du Heron, S. E.	1
De Kret, T. E.	1
Aumônier,	1
Ecrivain,	1
Chirurgien,	1

Remplacement.

MESSIEURS,

De Courserac, l'aîné, C.	1
	Hommes, 1

Ll   *Suite*

Suite de l'Amazonne.

Marigny, S. C.	1
Thivas, L.	1
Scheridan, S. L.	1
Du Gafpern, E.	1
Gouvello, S. E.	1
La Jufſelière, T. E.	1
Franey, Qu. E.	1
Officiers, Mariniers,	59
Matelots,	144
Volontaires,	6
Soldats,	74
Mouſſes, & Valets,	24
	Hommes, 315

La Gloire.

MESSIEURS,

La Jaille, C.	1
La Calandre, S. C.	1
Millet, L.	1
Fromont de Villeneuve, S. L.	1
Noilles, T. L.	1
Dumenaye, E.	1
Meré, S. E.	1
Bedée, T. E.	1
Aumônier,	1
	Hommes, 9

Suite

Ecrivain,		1
Chirurgien,		1
Officiers, Mariniers, & Matelots,		214
Volontaire,		1
Soldats,		73
Valets, & Mousses,		23
	Hommes,	322

L'Aſtrée.

MESSIEURS,

Kerguelin, C.		1
Kerburce, S. C.		1
Du Goutet, L.		1
Papotiere, E.		1
Darnoul, S. E.		1
Aumônier,		1
Ecrivain,		1
Chirurgien,		1
Officiers, Mariniers, & Matelots,		113
Soldats,		43
Valets, & Mousses,		16
	Hommes,	180

Septembre 1709.

Le Lis, l'Achille, le Jason, l'Amazonne, & le René.

Le Lis.

M E S S I E U R S,

Du-Guay-Trouin, C.	1
Nogent, S. C.	1
Gourville, L.	1
Brugnon, S. L.	1
De Liefta, T. L.	1
Barilly, Q. L.	1
Duvigné, Cinq. L.	1
Scheridan, Six. L.	1
Defchelles, E.	1
Dervaux, S. E.	1
Servigné, T. E.	1
La Potterie, Q. E.	1
La Bedoyere, Cinq E.	1
Martonne, Six. E.	1
Kerloret, Sept. E.	1
De Roffel, Huit. E.	1
La Coudraye, Commiff.	1
Aumônier,	1
Ecrivain,	1
Chirurgien,	1
Officiers, Mariniers,	100

Hommes, 120.

Suite

Suite du Lis.

Matelots,	348
Volontaires,	5
Soldats,	104
Valets,	21
Mousses,	15
	Hommes, 613

L'Achille.

MESSIEURS,

Le Comte d'Arquien, C.	1
Leftanduere, S. C.	1
Bercy, L.	1
Du Houllay, S. L.	1
Bourville, T. L.	1
Goubert, Q. L.	1
Foligny, E.	1
Lifle-Gouthere, S. E.	1
Boifmillon, T. E.	1
Courtois, Q. E.	1
David, Cinq. E.	1
Longueval, Six. E.	1
Chevalier de Conflans, Sept. E.	1
Chevalier de Rochechouart, Huit. E.	1
Scumis, Neuv. E.	1
	Hommes 15

Suite

Suite de l'Achille.

Defcayrac, Dix. E.	1
Aumônier, ...	1
Ecrivain, ...	1
Chirurgien, ...	1
Officiers Mariniers, & Matelots, . .	359
Soldats, & Volontaires, . . .	126
Valets, & Mouffes, ...	31
. . . . . *Hommes,*	535

Le Jafon.

M E S S I E U R S,

Le Chevalier de Courferac, l'aîné, C. .	1
Marigny, S. C.	1
Thivas, L.	1
La Prevalaye, S. L.	1
Du Gafpern, E.	1
La Juffeliere, S. E.	1
Gouvello, T. E.	1
La Roche-Coetlogon, Q. E. . .	1
Kerfaufon, Cinq. E.	1
Forfan de Houx, Six. E. . , ,	1
Aumônier, ... ,	1
Ecrivain, ...	1
Chirurgien, ...	1
. . . . *Hommes,*	13

Suite

Suite du Jaſon.

Officiers, Mariniers, & Matelots, . . 283
Soldats, & Volontaires, ... 93
Valets, & Mouſſes, ... 26

 . . . . . Hommes, 415

L'Amazonne.

MESSIEURS,

Kerguelin, C. 1
De Cours, S. C. 1
Longueville-Chammoreau, L. . . 1
Le Marquis de Conflans, S. L. . . 1
Du Goutet, E. 1
Breſcanvel, S. E. 1
Darnault, T. E. 1
Château - Thiery, Q. E. . . 1
Barry, Cinq. E. 1
Aumônier, ... 1
Ecrivain, ... 1
Chirurgien, ... 1
Officiers, Mariniers, & Matelots, . . 220
Soldats, ... 66
Valets, & Mouſſes, ... 22

 . . . . Hommes, 320

Le

Le René.

Messieurs,

Daniel, C.	1
Didier, S. C.	1
La Riviere - Penifort, L.	1
Durand, E.	1
Ecrivain,	1
Chirurgien,	1
Officiers, Mariniers, & Matelots,	35
Soldats,	9
Valets, & Mousses,	7
Hommes,	57

LISTE

DES OFFICIERS DE MARINE

embarqués fur les Vaiffeaux & Fregattes de S A MAJESTE', commandés par M. DU GUAY-TROUIN, pour l'Expédition de Rio-Jaeniro, en 1711.

Le Lis, le Brillant, le Magnanime, l'Achille, le Glorieux, l'Amazone, la Bellonne, l'Aftrée, l'Argonaute, le Mars, la Concorde, le Chancellier, la Glorieufe, la Françoife, le Patient, le Fidele, l'Aigle.

Le Lis.

MESSIEURS,

Du Guay-Trouin, Cap. de Vaiffeau, Commandant,	1
Terville, Lieutenant de Vaiffeau,	1
Saint Prix, S. L.	1
Daché, T. L.	1
Saint Germain, Q. L. Ayde-Major, fervant de Major,	1
Brugnon, Enfeigne de Vaiffeau, Lieutenant de la Compagnie de Saint Quentin,	1
Saint Dinant, Enfeigne de Vaiffeau,	1
Barilly, S. E.	1
Chevalier Defnots, T. E.	1
Damblemont, Q. E.	1

Hommes, 10

M m   *Suite*

Suite du Lis.

Heliot , Sous - Lieutenant d'Artillerie , . 1
Bourville, Chef de Brigade, . . 1
Officiers , Mariniers, ... 83
Matelots, ... 220
Valets, ... 26
Hautbois & Violons , . . . 6
Gardes de la Marine, . . . 10
Volontaires , ... 4
Soldats, ... 306
Mousses , ... 5

. . . . . *Hommes ,* 672

Le Brillant.

M E S S I E U R S,

Le Chevalier de Goyon, Capitaine de Fregatte, 1
Bailly de Saint Marc, Lieutenant de Vaiſſeau, 1
De Plane, S. L. Capitaine de Compagnie, . 1
Bercy, T. L. 1
Dauberville, Enſeigne de Vaiſſeau , Lieutenant de la
Compagnie de Lambourg, . . . 1
De Lieſta, Enſeigne de Vaiſſeau , Lieut. de Conſeil, 1
De Brouel, L. de Bonnail, . . . 1
De Leſcoue, L. Enſeigne de Duchatel , . 1
De Keroulas, E. 1
Coëtlogon , S. E. 1

. . . . . *Hommes ,* 10

Suite

Officiers, _Mariniers_, ...	72
Matelots, ...	165
Valets, ...	18
Gardes de la Marine, . . .	11
Soldats, ...	241
Mousses, ...	15
. . . . _Hommes_,	532

Le Magnanime.

M E S S I E U R S,

Le Chevalier de Courferac, Capitaine de Fregatte,	1
Keravel, Lieut. de Vaiffeau, & Cap. de Compag.	1
Longuejoue, Lieutenant de Vaiffeau, . .	1
Bernouge, S. L.	1
Veaureal, T. L.	1
Cottantré, Enf. de Vaiff. Lieut. de la Comp. de Dreville,	1
Mordant d'Hericourt, S. E. de Vaiffeau, .	1
La Riviere-Pourlo, T. E. Lieut. de la Comp. de Merval,	1
Duchatelet, Q. E. Lieut. de Keralio, .	1
La Riviere-Foulon, Cinq. E. de la Boiffonniere,	1
Staffort, Six. E. de Vaiffeau, . .	1
Pottin, Sept. E. de la Comp. de Langou, .	1
Montmarly, Huit. E. de la Comp. de Dreville,	1
Coulombe, Neuv. E. . . .	1
Souchefne, Dix. E.	1
. . . . _Hommes_,	15

 Suite

Suite du Magnanime.

Officiers, Mariniers,	84
Matelots,	212
Valets,	20
Gardes de la Marine,	13
Mousses,	19
Soldats,	295
	Hommes, 658

L'Achille.

MESSIEURS,

Le Chevalier de Beauve, Lieut. de Vaiſſeau,	1
Merviel, Lieut. de Vaiſſ. Cap. de Comp.	1
Goyon - Tavilliers, Lieut. de Vaiſſeau,	1
Heuzé de Gramont, Enf. de Vaiſſ. Lieut. de Boiſſieux,	1
Dains, S. E. Lieut. de la Comp. de Leſtang,	1
De Vaſſan, T. E. de Saint Lazare,	1
La Jonquiere, Q. E.	1
De Murat, Cinq. E. de Vaiſſ. Lieut. de Montmaure,	1
Kerburce, Six. E. Lieut. de Reignac,	1
Chevalier de Carman, Sep. E. & de Merval,	1
De Preſle, Huit. E.	1
Longueville, Neuv. E. & de la Comp. de S. Quentin,	1
Chevalier de Fromentiere, Dix. E.	1
Chevalier, Lieut. de Fregatte,	1
	Hommes, 14

Suite

Suite de l'Achille.

Officiers, Mariniers,	72
Matelots,	169
Valets,	19
Gardes de la Marine,	9
Soldats,	244
Mousses,	18
	Hommes, 545

Le Glorieux.

MESSIEURS,

La Jaille, Lieutenant de Vaisseau,	1
La Calandre, Capitaine de Brulot,	1
Tonnancour, Enf. de Vaiss. Lieut. de S. James,	1
Du Gasté, S. E. de Vaiss. de la Comp. de Bayne,	1
Dumenaye, T. E. & de la Comp. de Shaucy,	1
Moulinneuf, ayant foin du détachement de Desmarques,	1
Coulombe, Q. E.	1
Chevalier de Damas, C. E. & de la Comp. de Plane,	1
Dauval, Six. E. chargé du foin du détachement Keravel,	1
Scheridan, Sept. E.	1
Officiers, Mariniers,	69
Matelots,	171
Valets,	17
Gardes de la Marine,	11
	Hommes, 278

Suite

Suite du Glorieux.

Volontaires,	3
Soldats,	231
Mousses,	16
	Hommes 528

L'Amazone.

MESSIEURS,

Du Chesnay-le-Fer, ayant rang de Lieut. de Vaiss.	1
Du Houlay, Enf. de Vaiss. & de la Comp. de Courferac,	1
Lescouet, S. E. & de la Comp. de Daittan,	1
Noilles, T. E. & de la Comp. de Bonnail,	1
Officiers, Mariniers,	49
Matelots,	90
Valets,	9
Gardes de la Marine,	6
Soldats,	118
Mousses,	12
	Hommes, 288

La Bellonne.

MESSIEURS,

Kerguelin, Cap. de Brûlot,	1
Detry, Enf. de Vaiss. Lieut. du Chevalier du Bosquet,	1
	Hommes, 2

Suite

Suite de la Bellonne.

Maffiac, Ayde d'Artillerie, . . .	1
Officiers, Mariniers, . . .	35
Matelots, ...	67
Valets, ...	8
Gardes de la Marine, ...	5
Soldats, ...	100
Mouffes, ...	10
. . . . . *Hommes,*	228

L'Aftrée.

M E S S I E U R S,

De Rogon, ayant rang de Cap. de Brûlot, .	1
La Maifonfort, Enfeigne de Vaiffeau ayant foin du détachement de Dubofquet, . . .	1
Officiers, Mariniers, . . .	31
Matelots, ...	50
Valets, ...	7
Volontaire, ...	1
Soldats, ...	50
Mouffes, ...	10
. . . . . *Hommes,*	151

L'Argonaute.

L'Argonaute.

MESSIEURS,

Le Chevalier de Bois de la Motte, Enf. de Vaiff.	1
Droualin, S. E. de la Comp. de Darnaud.	1
La Bedoyere, T. E.	1
Cuffy, Q. E. & de la Comp. de S. James,	1
Officiers, Mariniers,	51
Matelots,	97
Valets,	9
Gardes de la Marine,	7
Soldats,	106
Mouffes,	13

Hommes, 287

Le Mars.

MESSIEURS,

La Cité Danican, ayant rang de Cap. de Fregatte,	1
Marigny, Lieut. de Vaiff.	1
Du Hainault, S. L.	1
Nanclars, T. L.	1
Beaudretun, E.	1
Des Valaffes, S. E.	1
Keffel, Lieut. de la Comp. de Barentin,	1
Defgrés Demont-Saint-Pere, E.	1
Teffier de la Cointrie, Lieut. de Fregatte, Enf.	1
Barentin,	1

Hommes, 10

Suite

Suite du Mars.

Caron, Lieut. de Fregatte,	1
Officiers, Mariniers,	70
Matelots,	118
Valets,	17
Gardes de la Marine,	2
Soldats,	300
Mousses,	23
Hommes,	**541**

La Concorde.

MESSIEURS,

De Pradel Daniel, C.	1
Daniel, L.	1
Helvetius, S. L.	1
Gauthier, E.	1
Pennefort, S. E.	1
Officiers, Mariniers,	15
Matelots,	29
Valets,	8
Forgerons,	2
Soldats,	25
Mousses,	10
Hommes,	**94**

Le

Le Chancelier.

MONSIEUR,

Durocher Danican, ... 1
Soldats, ... 14

La Glorieuse.

MONSIEUR,

La Perche, ... 1
Soldats, ... 36

La Françoise, } *Traversiers commandés par deux Pilotes.*
Le Patient, }

Le Fidele.

MESSIEURS,

De la Moinerie-Miniac, servant de Cap. de Fregatte
  par ordre. 1
Pimont, Lieut. Cap. de Comp. . . 1
Le Marquis de Saint Simon, . . . 1
La Solaye, Lieut. de Comp. . . . 1
La Vie de Hou, Enf. de Comp. . . . 1
Saint Sulpice, E. 1
Le Chevalier de Vilette, Enf. de Comp. . 1
Le Comte d'Aumale, Enf. de Comp. . 1
Confolin, Chef de Brigade, . . . 1
Francine, Garde de la Mar. servant en qualité d'Officier, 1
Bafteres, . , . . . 1
Du Cazau, ... 1

    . . . . . *Hommes*, 12

Suite

Suite du Fidéle.

La Grange Ducaniel, Garde de la Mar. fervant d'Officier, 1
Lafcou, Garde de la Marine, fervant d'Officier, 1
La Gerouardiere, 1
D'Aire de Villermin, 1
Pimont, de la Comp. de Breft, 1
Officiers, Mariniers, 70
Matelots, 137
Valets, 15
Gardes de la Marine, 8
Soldats, 235
Mouffes, 6

Hommes, 488

L'Aigle.

Messieurs,

De la Mar de Can, Cap. de Flutte, 1
Defcoyeux-Fouras, Lieut. de Comp. 1
La Grange, Lieut. de Comp. 1
Campané, Enf. de Comp. 1
Saint-Hermin de la Sarice, Enf. de Comp. 1
Marigny, Chef de Brigade, 1
Bertauville, Sous-Brigadier, Garde de la Marine, 1
Villers, S. Sous-Brigadier, 1
Montholon, T. Sous-Brigadier, 1
La Biche, Q. Sous-Brigadier, 1

Hommes, 10

Suite

Suite de l'Aigle.

Officiers , Mariniers ,	47
Matelots ,	63
Valets ,	11
Gardes de la Marine ,	4
Soldats ,	93
Mousses ,	11
Hommes ,	239

F I N,

C. F. S....

9 782019 984885